Inhaltsverzeichnis

Abkürzungsverzeichnis

ABl.	Amtsblatt
Abs.	Absatz
Art.	Artikel
Aufl.	Auflage
Bd.	Band
CC	Código Civil (Portugiesisches Zivilgesetzbuch)
CEP	Código da Execução das Penas e Medidas Privativas da Liberdade (Kodex für die Vollstreckung von Strafen und Maßnahmen zur Freiheitsentziehung)
CP	Código Penal (Portugiesisches Strafgesetzbuch)
CPP	Código de Processo Penal (Portugiesische Strafprozessordnung)
CPPT	Código de Procedimento e Processo Tributário (Kodex für Steuerverfahren und -prozesse)
EDTFP	Estatuto Disciplinar dos Trabalhadores que Exercem Funções Públicas (Disziplinargesetz für Arbeitnehmer, die öffentliche Funktionen ausüben)
EGMR	Europäischer Gerichtshof für Menschenrechte
EGP	Estatuto do Gestor Público (Statut für leitende Angestellte)
EMJ	Estatuto dos Magistrados Judiciais (Portugiesisches Statut für Richter)
ErwG	Erwägungsgrund
EU	Europäische Union
EuGH	Gerichtshof der Europäischen Union
f.	Folgend
ff.	Fortfolgend
Fn.	Fußnote
Ges.	Gesetz
GVfGH	Gesetz über den Verfassungsgerichtshof
Hg.	Herausgeber
Ibid.	Ibidem
i.d.F.	in der Fassung
insbes.	insbesondere

i.V.m.	in Verbindung mit
IWF	Internationaler Währungsfonds
JöR (N.F.)	Jahrbuch des öffentlichen Rechts der Gegenwart (Neue Folge)
KJ	Kritische Justiz
Koord.	Koordinator(en)
LADA	Lei de Acesso aos Documentos Administrativos (Gesetz über den Zugang zu Verwaltungsdokumenten)
LADT	Lei de Acesso ao Direito e aos Tribunais (Gesetz über den Zugang zum Recht und zu den Gerichten)
lit.	Littera (Buchstabe)
M.A.N.	Movimento de Acção Nacional (Bewegung der Nationalen Aktion; portugiesische politische Partei)
Nr./No./ n.º	Nummer
PCP	Partido Comunista Português (Portugiesische Kommunistische Partei)
POT	Plano de Ordenamento Turístico da Região Autónoma da Madeira (Tourismus-Raumordnungsplan der Autonomen Region Madeira)
PV	Portugiesische Verfassung
Rdnr.	Randnummer
RFCIASP	Regulamento de Fiscalização da Condução sob Influência do Álcool ou de Substâncias Psicotrópicas (Vorschriften über die Kontrolle des Fahrens unter dem Einfluss von Alkohol oder psychotropen Substanzen)
RGTPRML	Regulamento Geral de Taxas, Preços e outras Receitas do Município de Lisboa (Bestimmungen über Gebühren, Preise und sonstige Einnahmen der Gemeinde Lissabon)
RL	Richtlinie
S.	Seite
TAD	Tribunal Arbitral do Desporto (Sportschiedsgericht)
TC	Tribunal Constitucional
Vgl.	Vergleiche
VO	Verordnung

A. Der portugiesische Verfassungsgerichtshof (Tribunal Constitucional) in der Theorie

I. Kurzgeschichte der portugiesischen Verfassungs-gerichtsbarkeit[1]

Ein Dekret vom 1. Juli 1907, welches ein *sui generis*-System zur konzentrierten Kontrolle der Verfassungsmäßigkeit durch den Obersten Gerichtshof Portugals schuf, steht an der Wiege der portugiesischen Verfassungsgerichtsbarkeit. Dies fand in der ersten republikanischen portugiesischen Verfassung (in der Folge: PV) von 1911 auch seinen verfassungsrechtlichen Niederschlag, als der einschlägige Art. 63 das Prinzip der gerichtlichen Kontrolle der Verfassungsmäßigkeit von Gesetzen auf konstitutioneller Basis einführte; dies war sehr stark von brasilianischen Entwicklungen und der US-amerikanischen Law Review beeinflusst. In der Praxis sollte die-

1 Vgl. im Folgenden *Cristina Queiroz*, Justiça constitucional, Lissabon 2017, S. 1 ff.; *Martin Schubarth*, Verfassungsgerichtsbarkeit, 2., überarbeitete und ergänzte Aufl. Bern 2017, S. 11; *Fernando Alves Correia*, Justiça constitucional, Coimbra 2016, S. 1 ff.; *Maria Lúcia Amaral / Pereira, Ravi Afonso*, (§ 104) Das portugiesische Verfassungsgericht, in: Armin von Bogdandy / Christoph Grabenwarter / Peter-Michael Huber (Hg.), Handbuch Ius Publicum Europaeum, Bd. VI (Verfassungsgerichtsbarkeit in Europa: Institutionen), Heidelberg 2016, S. 519-571 (speziell 523 ff., Rdnr. 6 ff.); *José Manuel M. Cardoso da Costa*, Die Verfassungsgerichtsbarkeit in Portugal, in: Christian Starck / Albrecht Weber (Hg.), Verfassungsgerichtsbarkeit in Westeuropa, Bd. 1, 2. Aufl. Baden-Baden 2007, S. 199-225 (199 ff.); *denselben*, A Jurisdição Constitucional em Portugal, 3. Aufl. Coimbra 2007, S. 1 ff.; *denselben*, O Tribunal Constitucional Portuguê̂s: a sua origem histórica, in: Walter Fürst / Roman Herzog / Dieter C. Umbach (Hg.), FS für Wolfgang Zeidler, Bd. 1, Berlin (u.a.) 1987, S. 351-361. Vgl. ebenso *Pedro Coutinho Magalhães*, Democratização e indepêndencia judicial em Portugal, in: Análise social, Bd. 30, Nr. 130 (1995), S. 51-90; *António Araújo*, A construção da justiça constitucional portuguesa: o nascimento do Tribunal Constitucional, in: Análise social, Bd. 30, Nr. 134 (1995), S. 881-946; *Vitalino Canas*, Introdução às decisões de provimento do Tribunal Constitucional (Conteúdo, objecto, efeitos), Lissabon 1994, S. 1 ff.; *Fernando Rosas*, Estado Novo e desenvolvimento económico (anos 30 e 40): uma industrialização sem reforma agrária, in: Análise social, Bd. 29, Nr. 128 (1994), S. 871-887; *Stefan Richter*, Die Entwicklung der konkreten Normenkontrolle in Portugal seit der Verfassung von 1911 und ihre Unterschiede zu Art. 100 Abs. 1 GG, in: JöR N.F. 41 (1993), S. 319-366 (321 ff.); Breve História do Tribunal Constitucional, https://www.tribunalconstitucional.pt/tc/tribunal-historia.html#a4 (letzter Abruf am 23. August 2020).

se Basis diffuser, inzidenter Normenkontrolle überschaubare Bedeutung erhalten, was sich auch durch die PV von 1933, an der Wiege des diktatorischen Estado Novo, nicht durch deren Art. 122 ändern sollte (welcher die inzidente, diffuse Normenkontrolle aller Gerichte theoretisch wiederholte). Nach der Nelkenrevolution schuf der Revolutionsrat die Verfassungskommission, welche speziell auf die Kontrolle der Verfassungsmäßigkeit ausgerichtet war. Gleichwohl wurde relativ rasch erkannt, dass eine weitergehende Institutionalisierung zentralisierter Verfassungsgerichtsbarkeit für die Konsolidierung der noch jungen Demokratie vonnöten war. Daher wurde durch die Revision der PV 1976 im Jahre 1982 (durch den neuen Art. 284 PV) ein Verfassungsgerichtshof (Tribunal Constitucional/TC; ursprünglich mit Vorgabe einer nur sechsjährigen Amtszeit der – bereits damals – 13 Verfassungsrichter) geschaffen, welches zur besseren Funktionalität rasch durch ein Organgesetz unterstützt wurde. Die Kammer konnte zum 6. April 1983 eingerichtet werden und Ende Mai 1983 ihre erste Entscheidung fällen.

II. Allgemeine Informationen

1. Kreation der Verfassungsrichter und interne Organisation

Der Verfassungsgerichtshof ist die Kammer, welche gem. der einschlägigen "Definition" aus Art. 221 PV speziell für die Rechtspflege in verfassungsrechtlichen Angelegenheiten zuständig ist. Seine besondere Position innerhalb der portugiesischen Rechtsordnung wird bereits durch seine namentliche Erwähnung, vor den anderen Gerichten des Staates, in Ziff. 1 des zentralen Art. 209 PV (zur Judikativstruktur im Allgemeinen) deutlich. Doch auch das Gesetz über den Verfassungsgerichtshof (im Folgenden GVfGH; Organização, Funcionamento e Processo do Tribunal Constitucional; wörtlich Organisation, Funktion und Prozess des Verfassungsgerichtshofes; Gesetz Nr. 28/82 i.d.F. der letzten Revision durch das Organgesetz Nr. 1/2018), welches auf Basis einschlägiger Gesetzesvorbehalte[2] verabschiedet worden ist, macht die besondere Rolle[3] der in Lissabon sitzenden Kammer innerhalb des dortigen Rechtssystems deutlich.[4] Dies wird auch

---

2 Vgl. bereits Art. 222 Abs. 6, Art. 223 Abs. 3 sowie Art. 224 Abs. 1 PV.

3 Zur Rechtsverbindlichkeit der Entscheidungen der Kammer siehe bereits Art. 2 GVfGH.

4 Vgl. Art. 1 GVfGH.

durch seine ausgedehnten Befugnisse hinsichtlich einer Amtshilfe bei konkreten Fällen durch die Gerichte und Behörden deutlich.[5]

Zur Komposition und Kreation des Verfassungsgerichtshofes sieht Art. 222 PV konkretere Einzelheiten vor; demgemäß besteht die Kammer aus dreizehn Richtern, von denen zehn von der Versammlung der Republik (dem volksgewählten Parlament) ernannt und drei von ihnen kooptiert werden.[6] Das Parlament stimmt über die Kandidaten auf Basis einer Liste von mindestens 25 und höchstens 50 Personen ab,[7] über deren Zulassung der Präsident des Hohen Hauses vorab befunden hat.[8] Die kooptierten Richter werden in einer Sitzung der Verfassungsrichter binnen zehn Tagen ab ihrem Amtsantritt gewählt.[9]

Was die Expertise der Richter betrifft, so werden sechs der vom Parlament ernannten oder kooptierten Personen obligatorisch unter den Richtern der übrigen portugiesische Gerichte, und die übrige Anzahl der Verfassungsrichter (freilich die Mehrheit) unter den portugiesischen[10] Juristen allgemein ausgewählt.[11]

Die Amtszeit der Richter des Verfassungsgerichtshofes beträgt einmalige neun Jahre,[12] längstens freilich bis zur Vollendung des 70. Lebensjahres eines Richters.[13] Durch die Nichtmöglichkeit einer entsprechenden Verlängerung soll offenbar verhindert werden, dass sich eine zu große Machtfülle in Händen gleichbleibender Personen häuft.

Der Disziplinargewalt ausübende[14] und auch ansonsten in seiner Funktion zentrale[15] Präsident sowie der Vizepräsident des Verfassungsgerichtshofes werden regelmäßig aus den Reihen der Verfassungsrichter selbst gewählt.[16] Dies geschieht für die Hälfte der regulären Amtsdauer eines Verfassungsrichters, mithin 4,5 Jahre, ist aber erneuerbar.[17]

5 Vgl. Art. 4 GVfGH.
6 Vgl. Art. 222 Abs. 1 i.V.m. Art. 163 lit. h PV i.V.m. Art. 12 Abs. 1 GVfGH.
7 Vgl. Art. 14 Abs. 1 GVfGH.
8 Vgl. Art. 14 Abs. 4 GVfGH.
9 Vgl. Art. 17 Abs. 1 GVfGH.
10 Fremde universitäre Rechtsabschlüsse reichen für solche Kandidaten nicht aus (sofern diese in Portugal nicht anerkannt sind), gem. Art. 13 Abs. 2 GVfGH.
11 Vgl. Art. 222 Abs. 2 PV i.V.m. Art. 12 Abs. 2 sowie Art. 13 Abs. 1 GVfGH.
12 Vgl. Art. 222 Abs. 3 PV i.V.m. Art. 21 Abs. 1,2 GVfGH.
13 Vgl. Art. 21 Abs. 3 GVfGH.
14 Vgl. Art. 25 GVfGH.
15 Vgl. Art. 39 GVfGH.
16 Vgl. Art. 222 Abs. 4 PV.
17 Vgl. Art. 37 Abs. 1 GVfGH.

Wie dies auch in anderen Rechtsordnungen entsprechend anzutreffen ist, gibt es auch für die Richter des portugiesischen Verfassungsgerichtshofes *ex constitutione* Garantien der Unabhängigkeit – freilich müssen sie unparteiisch sein und (entsprechend der übrigen portugiesischen Richter) keine mit den Pflichten eines Verfassungsrichters kollidierenden Tätigkeiten ausüben.[18] Hinsichtlich weiterer Immunitätsvorgaben hat der Verfassungsgeber in der Tat einen dezidierten Gesetzesvorbehalt eingeräumt.[19]

Die Kammer tagt, je nach Bedeutsamkeit des Falles, im Plenum[20] oder in drei Senaten, welche aus Präsident oder Vizepräsident und vier weiteren Richtern bestehen.[21] Beschlüsse werden regelmäßig durch Stimmenmehrheit gefasst,[22] Sondervoten sind möglich.[23] Die portugiesische Staatsanwaltschaft wird vor dem Verfassungsgerichtshof durch den Generalstaatsanwalt (Procurador-Geral) vertreten.[24]

Die Entscheidungen des Verfassungsgerichtshofes werden regelmäßig im Amtsblatt der Republik veröffentlicht,[25] womit die größtmögliche Transparenz in seiner Tätigkeit gewährleistet werden kann. Die Kammer ist schließlich sowohl mit administrativer als auch mit finanzieller Autonomie ausgestattet und verfügt daher über ein eigenes Budget, das in den allgemeinen Staatsgebühren im jeweiligen Staatshaushalt berücksichtigt ist.[26]

Der Präsident des Verfassungsgerichtshofes gehört *ex officio* zum, dem Staatsoberhaupt beratend zur Seite stehenden, portugiesischen Staatsrat (Conselho de Estado).[27]

---

18 Vgl. Art. 222 Abs. 5 PV. Siehe auch Art. 22 und 27 GVfGH.

19 Vgl. Art. 222 Abs. 6 PV i.V.m. Art. 22 und 24 GVfGH.

20 Vgl. Art. 40 Abs. 1 GVfGH.

21 Vgl. ibid., i.V.m. Art. 41 Abs. 1 GVfGH.

22 Vgl. Art. 42 Abs. 2 GVfGH.

23 Vgl. Art. 42 Abs. 4 GVfGH. Vgl. hierzu insbes. *José da Costa Pimenta,* A Declaração de Voto nas Decisões dos Tribunais, in: Revista do Ministério Público, Bd. 14, 1993, S. 27-59.

24 Vgl. Art. 44 GVfGH.

25 Vgl. Art. 119 Abs. 1 lit. g PV i.V.m. Art. 3 GVfGH. Zusätzlich erfolgen Publikationen im Bulletin des Ministeriums der Justiz sowie eigenständige Entscheidungs-Publikationen seitens der Kammer, gem. Art. 115 GVfGH.

26 Vgl. Art. 5 i.V.m. Art. 47A-F GVfGH.

27 Vgl. Art. 142 lit. c PV.

2. Weitere Rechtsakte von Belang

Von praktischer Bedeutsamkeit ist die "Organisation der Zusammensetzung und Arbeitsweise des Sekretariats und der Unterstützungsdienste des Verfassungsgerichtshofes" (im Folgenden: Organisation; Organiza a composição e funcionamento da secretaria e dos serviços de apoio do Tribunal Constitucional), durch das Gesetzesdekret Nr. 545/99 verabschiedet, welches zuletzt durch das Gesetzesdekret 197/2015 geändert worden ist. Diese Dienste entsprechen freilich den Vorgaben aus Art. 45 GVfGH.

Diese Organisation umfasst den Generalsekretär (Secretário-geral), das Justizsekretariat (Secretaria Judicial), die Verwaltungs- und Finanzabteilung (Departamento Administrativo e Financeiro), das Dokumentenunterstützungs- und Rechtsinformationszentrum (Núcleo de Apoio Documental e Informação Jurídica), ein Rechenzentrum (Centro de Informática), das Büro für Außenbeziehungen (Gabinete de Relações Externas) und die Büros (Gabinetes) zur Unterstützung des Präsidenten der Kammer, des Vizepräsidenten und der Richter.[28]

Der für die allgemeine Funktionalität der Kammer Sorge tragende[29] Generalsekretär (im Dienstrang eines portugiesischen Verwaltungsdirektors)[30] wird direkt vom Gerichtspräsidenten, nach Anhörung durch das Plenum, ernannt;[31] seine Amtszeit entspricht der Amtsdauer des Präsidenten der Kammer.[32]

Das Justizsekretariat ist in eine allgemeine Sektion und vier, diese arbeitstechnisch entlastende und dezidiert für die konkreten Verfassungsprozesse einzuteilende Untersektionen eingeteilt.[33] Es kommt diesen Sektionen das Gros der einschlägigen "Papierarbeit" und organisatorischen Vorbereitung, etwa von Anhörungen, zu.[34] Allgemeinere solche Präparationen, *ad personam*, führen ferner die Büros zur Unterstützung des Präsidenten, des Vizepräsidenten und der Richter durch.[35]

Die Verwaltungs- und Finanzabteilung des Verfassungsgerichtshofes ist – wohl selbsterklärenderweise – für die Klärung ökonomischer Fragen

---

28 Vgl. Art. 1 der Organisation.
29 Vgl. Art. 2 der Organisation.
30 Vgl. Art. 4 der Organisation.
31 Vgl. Art. 3 Abs. 1 der Organisation.
32 Vgl. Art. 3 Abs. 2 der Organisation.
33 Vgl. Art. 5 der Organisation.
34 Art. 6-7 der Organisation.
35 Vgl. Art. 18 ff. der Organisation.

hinsichtlich der Funktion der Kammer zuständig[36] und steht unter dem Vorsitz eines einschlägigen Direktors.[37] Sie hat sich bei ihrer Tätigkeit insbes. nach dem separaten Gerichtskosten-Rechtsakt für die Kammer zu richten (Regime de Custas no Tribunal Constitucional)[38].

Das Dokumentenunterstützungs- und Rechtsinformationszentrum[39] des Verfassungsgerichtshofes ist für die effiziente Durchführung der Verfahren ebenfalls von unschätzbarem Wert und steht auch seinerseits unter dem Vorsitz eines eigenen Direktors.[40] Das Rechenzentrum ist für die technische Unterstützung der Funktionalität des Verfassungsgerichtshofes bedeutsam[41] und verfügt ebenfalls über einen eigenen Direktor.[42] Das Büro für Außenbeziehungen[43] schließlich steht unter der direkten Ägide des Präsidenten der Kammer.[44]

III. Kompetenzen der Kammer

Das Herzstück der einschlägigen verfassungsrechtlichen Vorgaben ist gewiss der (nicht abschließende)[45] Kompetenzkatalog aus Art. 223 PV. Gemäß diesem ist der Verfassungsgerichtshof bereits dafür zuständig, die Verfassungswidrigkeit und Rechtswidrigkeit von Normen gemäß der Art. 277 ff. PV und den folgenden Bestimmungen zu beurteilen.[46]

Ferner – dies ist dem französischen Rechtseinfluss[47] geschuldet – obliegt dem portugiesischen Verfassungsgerichtshof regelmäßig die offizielle Überprüfung des Todes und die Erklärung der dauerhaften physischen Unmöglichkeit des Präsidenten der Republik, seine verfassungsmäßigen Aufgaben auszufüllen, sowie daneben auch die etwa Überprüfung vor-

---

36 Vgl. Art. 13 der Organisation.

37 Vgl. Art. 13A der Organisation.

38 Gesetzesdekret Nr. 303/98, i.d.F. der letzten Revision durch das Gesetzesdekret Nr. 91/2008.

39 Vgl. Art. 14 der Organisation.

40 Vgl. Art. 15 der Organisation.

41 Vgl. Art. 16 der Organisation.

42 Vgl. Art. 17 der Organisation.

43 Vgl. Art. 15B der Organisation.

44 Vgl. Art. 15C der Organisation.

45 Vgl. Art. 223 Abs. 3 PV.

46 Art. 223 Abs. 1 PV i.V.m. Art. 6 GVfGH.

47 Vgl. hierzu etwa *Jacques Robert*, La garde de la République. Le Conseil constitutionnel raconté par l'un de ses membres, Paris 2000 (*passim*); *Isabelle Richir*, Le Président de la République et le Conseil Constitutionnel, Paris 1998 (*passim*).

übergehender Hindernisse für die Wahrnehmung seiner konstitutionellen Rechte und Pflichten.[48] Darüber hinaus hat die Kammer den etwa Verlust des Amtes des Präsidenten der Republik in den in Art. 129 Abs. 3 und Art. 130 Abs. 3 PV vorgesehenen Fällen (Verlassen des portugiesischen Hoheitsgebietes ohne Genehmigung des Hohen Hauses sowie Verurteilung wegen einer Straftat) zu überprüfen;[49] schließlich erklärt es den Tod oder die Unfähigkeit eines Kandidaten für das Präsidentenamt, im Sinne der verfassungsrechtlichen Bestimmung aus Art. 124 Abs. 2 PV seine entsprechenden Kompetenzen auszuüben.[50]

Ebenso französisch angehaucht ist die Zuständigkeit des Verfassungsgerichtshofes zur Beurteilung der Regelmäßigkeit[51] und Gültigkeit der Handlungen von demokratischen Wahlprozessen (insbes. Präsidentenwahl, Wahlen zum portugiesischen Parlament sowie für die Ermittlung der portugiesischen Europaparlamentarier) gemäß den jeweils vorgesehenen gesetzlichen Bestimmungen (Wahlprüfungskompetenz).[52] Insbes. für die Präsidentenwahl ist vorgesehen, dass die Kandidaturen hierfür spätestens 30 Tage vor dem Wahldatum dem Verfassungsgerichtshof zur Auswertung vorgelegt werden müssen.[53] Diese ist freilich flankiert durch die Mandatsprüfungskompetenz, namentlich im Rahmen von Entscheidungen des Verfassungsgerichtshofes über etwa Beschwerden aus dem Hohen Hause im Zusammenhang mit möglichen Mandatsverlusten aufgrund von Unregelmäßigkeiten im Kontext der Auszählung bei Volkswahlen (diese Prüfungskompetenz ist, bei entsprechender Beschwerdevorlage, auch auf die Ebene der kommunalen Selbstverwaltung zu beziehen).[54] Abgerundet wird die Wahlprüfung durch die entsprechende Prüfungskompetenz des

48 Art. 223 Abs. 2 lit. a PV i.V.m. Art. 7 und 88-89 GVfGH.

49 Art. 223 Abs. 2 lit. b PV i.V.m. Art. 7 und 90 GVfGH.

50 Art. 223 Abs. 2 lit. d PV. i.V.m. Art. 8 lit. b und 87 GVfGH.

51 Dies auch vor dem Hintergrund des Gesetzes über die Organisation und Funktion der Entität hinsichtlich der öffentlichen Konten und der politischen Finanzierung (Lei de organização e funcionamento da Entidade das Contas e Financiamentos Políticos, Organgesetz Nr. 2/2005, i.d.F. der letzten Revision durch das Gesetz Nr. 71/2018). Diese Entität ist eine unabhängige Einrichtung, die mit dem Verfassungsgerichtshof *ex lege* zusammenarbeitet und die Aufgabe hat, die Konten der politischen Parteien und für die Wahlkampagnen für den Präsidenten der Republik im Auftrag des Parlaments zu prüfen und zu überwachen (vgl. Art. 2 dieses Gesetzes sowie, dezidierter zur Zusammenarbeit mit dem Verfassungsgerichtshof, Art. 15-18 des Gesetzes).

52 Art. 223 Abs. 2 lit. c PV i.V.m. Art. 8 und 92 ff. GVfGH.

53 Vgl. Art. 124 Abs. 2 PV.

54 Vgl. Art. 223 Abs. 2 lit. g PV i.V.m. Art. 7A und 91A f. GVfGH.

Verfassungsgerichtshofes im Kontext von Referenda auf der nationalen wie auch der regionalen Ebene.[55] Dies soll *ex constitutione* im Vorfeld einer solchen Abstimmung, mithin *a priori*, geschehen.[56] Auch entscheidet die Kammer über mögliche Klagen zur Wahlanfechtung, die dezidiert von Richtern eingebracht worden sind.[57]

Ferner, dies aus Gründen öffentlicher Transparenz, hat der Verfassungsgerichtshof auch die Kompetenz, Vermögens- und Einkommenserklärungen sowie Unvereinbarkeits- und Hinderniserklärungen der Inhaber politischer Ämter anzufordern und zu erhalten und Entscheidungen zu einschlägigen in den jeweiligen Gesetzen vorgesehenen Angelegenheiten zu treffen.[58]

Schließlich kommt dem Verfassungsgerichtshof die Überprüfung der Rechtmäßigkeit der internen (demokratischen) Verfassung der politischen Parteien und zu Volkswahlen angetretener Koalitionen sowie die Beurteilung der Rechtmäßigkeit insbes. ihrer Akronyme und Symbole, was im Negativfalle zu einer Anordnung des jeweiligen Parteiverbotes gemäß den Bestimmungen der Verfassung und des Gesetzes führen kann.[59] Auch ist es Sache des Verfassungsgerichtshofes, gemäß den Bestimmungen des Gesetzes Nr. 64/78 zu erklären, ob eine Organisation insbes. faschistische Ideologien aktiv befolgt teilt, und solche entsprechend zu verbieten.[60]

---

55 Vgl. Art. 223 Abs. 2 lit. f PV i.V.m. Art. 11 GVfGH. Vgl. hierzu allgemeiner *António Barreto*, Autonomia regional, descentralização e limites ao poder político: reflexões sobre o caso açoriano, in: Análise social, Bd. 29, Nr. 125-126 (1994), S. 267-286 (267 ff.).

56 Vgl. ibid.

57 Vgl. Art. 223 Abs. 2 lit. h PV i.V.m. Art. 102B GVfGH.

58 Vgl. Art. 11A und 106 ff. GVfGH.

59 Vgl. Art. 223 Abs. 2 lit. e PV i.V.m. Art. 9 und 103 ff. GVfGH. Zum Verfahren sehr plastisch *Ana Maria Guerra Martins*, A interdição de partidos políticos contrários ao princípio democrático, in: Marcelo Rebelo de Sousa [et al.] (Koord.), Estudos de homenagem ao Prof. Doutor Jorge Miranda, Bd. 1, Coimbra 2012, S. 185-213. Insbes. zu parteipolitischen Hintergründen *Marcelo Rebelo de Sousa*, Die politischen Parteien und das Recht der Opposition in Portugal, in: JöR N.F. 41 (1993), S. 309-317.

60 Vgl. Art. 10 GVfGH.

IV. Normenkontrolle

Die klassischste aller denkbaren verfassungsgerichtlichen Kompetenzen ist im Allgemeinen die Normenkontrolle.[61] Sie hat naturgemäß sehr starke Bezüge zur politischen Tagesaktualität.[62] Neben den im Corpus des Art. 223 PV vorgesehenen und bereits angeführten Kompetenzen der Kammer existieren auch in anderen Verfassungsartikeln Normierungen von Zuständigkeiten des portugiesischen Verfassungsgerichtshofes.[63] So gibt es insbes. einen eigenen Komplex zu Fragen der Normenkontrolle (Art. 277 ff. PV).[64]

Zwar können portugiesische Gerichte eine Norm, die ihnen als verfassungswidrig erscheint, im konkreten Fall unangewandt lassen,[65] was eine Inzidentprüfung der Konstitutionalität darstellt; gleichwohl hat der Verfassungsgerichtshof auch einschlägig konzentrierende Funktion und erklärt, auf Antrag bestimmter, in Art. 281 Abs. 2 PV enumerativ aufgeführter Amtsträger,[66] die allgemein verbindliche Verfassungswidrigkeit einer Norm.[67] Letzteres geschieht regelmäßig *ex tunc*,[68] kann aber auch

---

61 Vgl. – im portugiesischen Kontext – bereits *Lucio Pegoraro,* A doutrina na jurisprudência dos Tribunais Constitucionais (e a falta de doutrina sobre a doutrina), in: Teresa M.G. Da Cunha Lopes / Lucio Pegoraro (Koord.), A *contribuição* da *doutrina* na *jurisdição* constitucional Portuguesa e Brasileira (=Colección Transformaciones Jurídicas y Sociales en el siglo XXI, Serie 8/Bd. 3), Bologna/Lissabon 2014, S. 18-30.

62 Vgl. *Armindo Lopes Ribeiro Mendes / Teresa M.G. Da Cunha Lopes,* Tribunal Constitucional entre o Direito e a Política, in: Teresa M.G. Da Cunha Lopes / Lucio Pegoraro (Koord.), A *contribuição* da *doutrina* na *jurisdição* constitucional Portuguesa e Brasileira (=Colección Transformaciones Jurídicas y Sociales en el siglo XXI, Serie 8/Bd. 3), Bologna/Lissabon 2014, S. 106-147; *Pedro Coutinho Magalhães / António de Araújo,* A justiça constitucional entre o direito e a política : o comportamento judicial no Tribunal Constitucional Português (Análise Social, Bd. XXXIII, Nr. 145 (1998), S. 7-53.

63 Vgl. schon den Verweis aus Art. 223 Abs. 3 PV.

64 Vgl., auf der einfachgesetzlichen Ebene, auch die einschlägigen Bestimmungen der Art. 51 ff. GVfGH.

65 Vgl. Art. 204 PV.

66 Dies sind (Art. 281 Abs. 2 litt. a-g PV) der Präsident der Republik, der Präsident des Hohen Hauses, der Premierminister, der Ombudsman, der Generalstaatsanwalt, das Quorum eines Zehntels der Parlamentsabgeordneten oder – im Falle einer regional verabschiedeten Norm – ein Minister der Zentralregierung, die Spitze der Regionalregierung oder die Mitglieder der jeweiligen Regionalversammlung (*in toto* oder mindestens ein Zehntel davon).

67 Vgl. Art. 281 Abs. 1,3 PV.

68 Vgl. Art. 282 Abs. 1 PV.

(im Ermessen der Kammer liegend) *ex nunc* geschehen.[69] Die Verfassungswidrigkeit kann auch aufgrund Unterlassens einer vorgesehene Maßnahme erklärt werden, sofern der Präsident der Republik, der Ombudsman (Provedor de Justiça) oder – bei regional relevanten Fällen – der Präsident der jeweiligen Regionalkammer dies beim Verfassungsgerichtshof beantragen.[70]

Hinsichtlich der Normenkontrolle legt der portugiesische Verfassungsgeber bereits fundamental fest, dass Regeln, die gegen die Bestimmungen der Verfassung oder die darin enthaltenen Grundsätze verstoßen, verfassungswidrig sind.[71]

Eine Besonderheit findet sich im Feld förmlicher oder sachlicher Verfassungswidrigkeit von regelmäßig ratifizierten internationalen Verträgen:[72] Solche Verfassungswidrigkeit verhindert nicht die Anwendung ihrer Regeln in der portugiesischen Rechtsordnung, sofern diese Regeln innerhalb der Rechtsordnung der jeweils anderen Vertragspartei(en) angewendet werden;[73] es sei denn, diese Verfassungswidrigkeit resultiert aus einem Verstoß gegen eine grundlegende Bestimmung der PV.[74] Von praktischer Bedeutsamkeit ist ferner der Gesetzesvorbehalt für das Gesetz zum Verfassungsgerichtshof, welches die Regeln für den Sitz, die Organisation und die Arbeitsweise der Kammer detailliert festlegt.[75]

Die Arten der Normenkontrolle sind in der portugiesischen Rechtsordnung sehr divers. Zum einen besteht die abstrakte Normenkontrolle in präventiver,[76] zum anderen in repressiver[77] Form. Schließlich gibt es auch eine konkrete Normenkontrolle.[78]

1. Abstrakte Normenkontrolle

Der Präsident der Republik kann den Verfassungsgerichtshof auffordern, die Verfassungsmäßigkeit einer Regel, die in einem internationalen Ver-

69 Vgl. Art. 282 Abs. 2,4 PV.
70 Art. 283 PV i.V.m. Art. 67-68 GVfGH.
71 Vgl. Art. 277 Abs. 1 PV.
72 Vgl. Art. 277 Abs. 2 PV.
73 Vgl. ibid.
74 Vgl. ibid.
75 Vgl. Art. 224 PV.
76 Vgl. auch Art. 57 ff. GVfGH.
77 Vgl. auch Art. 62 ff. GVfGH.
78 Vgl. auch Art. 69 ff. GVfGH.

trag enthalten ist, der ihm zur Ratifizierung vorgelegt wurde, oder einem Dekret, das ihm zur Verkündung als Gesetz oder als Gesetzesdekret oder internationales Abkommen zugesandt wurde, *in abstracto* vorbeugend zu überprüfen.[79] Auch können der Premierminister oder mindestens ein Fünftel der Abgeordneten der Versammlung der Republik (bei regelmäßig 230 Abgeordneten wären mithin 46 Volksvertreter hierfür nötig) beim Verfassungsgerichtshof die präventiv-abstrakte Beurteilung der Verfassungsmäßigkeit einer Regel beantragen, die in einem Dekret enthalten ist, welches dem Präsidenten der Republik zur Verkündung[80] als organisches Gesetz übermittelt wurde.[81]

Selbiges Quorum von Abgeordneten kann den Verfassungsgerichtshof ferner auffordern, die Verfassungsmäßigkeit einer Regel, die in einem regionalen Gesetzesdekret enthalten ist, welches ihnen zur parlamentarischen Sanktionierung vorgelegt wurde, abstrakt-vorbeugend zu überprüfen.[82] Dies gilt naturgemäß auch bei bereits positiv bestehenden Normen.[83]

Für die Entscheidung des Verfassungsgerichtshofes im Rahmen der bezeichneten Kompetenz besteht regelmäßig eine Frist von acht Tagen ab der einschlägigen Befassung;[84] spätestens jedoch nach 25 Tagen.[85] Diese Vorgabe ist bemerkenswert stringent und führt in der Praxis zu einer sehr effizienten Arbeitsweise der Kammer zugunsten der notwendigen Rechtssicherheit.

Sollte der Verfassungsgerichtshof im Rahmen dieses Verfahrens eine Verfassungswidrigkeit feststellen, so kann der Präsident der Republik den entsprechenden Rechtsakt nicht ausfertigen – er muss an das Parlament zurückgesandt werden, welches ihn (mithin den völkerrechtlichen Vertrag) ratifiziert hat.[86] Im Anschluss hieran kann dann natürlich wieder eine präventive abstrakte Normenkontrolle erfolgen.[87] Diese Bestimmung hat in der Praxis bis dato keine Bedeutsamkeit erlangt. Dies auch deswegen, da im Ernstfalle das Parlament eine verfassungswidrige Regel aufheben

---

79 Art. 278 Abs. 1 i.V.m. Art. 134 lit. g PV.
80 Vgl. das Gefüge der Art. 136 Abs. 1,4 PV.
81 Vgl. Art. 278 Abs. 4 PV.
82 Vgl. Art. 278 Abs. 2 PV. Vgl. hierzu auch das Gefüge der Regelungen aus Art. 233 Abs. 2 PV.
83 Vgl. insbes. Art. 62 GVfGH.
84 Art. 278 Abs. 3 PV.
85 Art. 278 Abs. 8 PV.
86 Art. 279 Abs. 1 PV.
87 Art. 279 Abs. 3,4 PV.

oder diese notwendigenfalls (über den Präsidenten hinweg) mit seiner Zweidrittelmehrheit konsolidieren kann.[88]

2. Konkrete Normenkontrolle

Falls im konkreten Rahmen eines portugiesischen Gerichtsverfahrens oder bei einer portugiesischen Behörde (insbes. einem Ministerium)[89] Zweifel über die Verfassungs- respektive Rechtmäßigkeit[90] einer Regel auftreten sollten, welche im Konkretfall durch den Richter anzuwenden ist, kann der Verfassungsgerichtshof hierüber angerufen werden.[91] Dies gilt auch gegen potentielle Verstöße gegen die Statute autonomer portugiesischer Regionen.[92] Anrufungsbefugt ist jedenfalls nur die Partei, welche die Frage der Verfassungswidrigkeit oder Rechtswidrigkeit aufgeworfen hat.[93] Dies kann theoretisch auch das Staatsoberhaupt sein.[94]

V. Kurzstatistik und Überleitung

Seit Beginn der Tätigkeit des Verfassungsgerichtshofes hat sich die Normenkontrolle als das ihn realiter am wesentlichsten und meisten beanspruchende Verfahren herausgestellt. In der Zeitspanne 1983-2019 bildeten Normenkontrollfälle aller genannten Arten den Löwenanteil von 91,3% der ergangenen Entscheidungen.[95] Darauf folgen Wahlprüfungsentscheidungen (5,6%), Entscheidungen im Kontext politischer Parteien (1,4%).[96] Dieser bemerkenswerte Workload dokumentiert bereits die herausragende Stellung der Kammer für die Republik Portugal und ihre rechtsstaatliche Entwicklung in den letzten Dekaden.

Die genannte Statistik spiegelt sich auch in der direkt folgenden Präsentation ausgewählter Judikate der Kammer: Es finden sich dort insbes. Nor-

---

88 Art. 279 Abs. 2 PV.
89 Art. 280 Abs. 3 PV.
90 Art. 280 Abs. 6 PV.
91 Art. 280 Abs. 1 PV.
92 Art. 280 Abs. 2 lit. b,c PV.
93 Art. 280 Abs. 4 PV.
94 Vgl. Art. 134 lit. h PV.
95 Vgl. Estatísticas, https://www.tribunalconstitucional.pt/tc/tribunal-estatisticas.html (letzter Abruf am 23. August 2020).
96 Vgl. ibid.

menkontrollfälle, freilich ganz unterschiedlicher thematischer Couleur (wobei sich exemplarisch drei hier präsentierte Fälle, die Nr. 37, 42 und 49, mit der über die Grenzen Portugals bekannt gewordenen dortigen Verfassungsmäßigkeitsprüfung von Staatshaushaltsgesetzen im Kontext der Finanz- und Wirtschaftskrise der 2010er Jahre auseinandersetzten; der sehr junge Fall Nr. 64 behandelt die Relation zwischen EU-Recht und PV).

Doch auch andere verfassungsgerichtliche Kompetenzen kommen in der Präsentation zum Zuge: Die Fälle Nr. 2, 26 und 53 befassen sich mit Wahlprüfungsthemen; die Fälle Nr. 17 und 65 behandeln dezidiert Referenda. Mit dem Thema politischer Parteien befassen sich die Fälle Nr. 3, 6 und 15; mit dem Topos der Ausübung staatspräsidialer Kompetenzen beschäftigt sich Fall Nr. 9. Schließlich behandelt Fall Nr. 59 die Offenlegung von Vermögenswerten von Amtsträgern.

B. Der portugiesische Verfassungsgerichtshof (Tribunal Constitucional) in der Praxis: Ausgewählte Judikate

1) Entscheidung Nr. 1/83 (31. Mai 1983)[97]

In diesem allerersten Fall (der aus rein historischen Gründen[98] in die vorliegende Selektion aufgenommen worden ist) befand der Verfassungsgerichtshof, dass die Entscheidung über die Verfassungsmäßigkeit der aufschiebenden Wirkung durch die Einlegung eines Rechtsmittels (gem. Art. 561 und 646 Nr. 6 der Strafprozessordnung – Código de Processo Penal, CPP – sowie Art. 20 des Gesetzesdekretes Nr. 605/75) gegen ein Urteil des betreffenden Berufungsgerichts dem unmittelbaren Vorgänger des Verfassungsgerichtshofes, der Verfassungskommission zustehe,[99] da als einschlägige, einfachgesetzliche Prüfungsgrundlage in den Augen der Verfassungsrichter Art. 40 des Gesetzesdekretes Nr. 503-F/76 fungiere, und nicht Art. 78 GVfGH. Wenngleich man hierüber trefflich streiten kann (da der Verfassungsgerichtshof in den Folgedekaden, wie verschiedentlich gesehen, sich nicht scheute, über vorkonstitutionelles Recht zu befinden) sollte jedoch zumindest auch festgehalten werden, dass die Verfassungsrichter auch hier nicht umhin kamen, in der Sache zu betonen, dass eine solche aufschiebende Wirkung bereits aus prozessrechtlichen Gründen anzuerkennen sei und jedenfalls keine Verfassungswidrigkeit vorliege.

---

97 Vgl. im Folgenden http://www.tribunalconstitucional.pt/tc/acordaos/19830001.html (letzter Abruf am 23. August 2020).

98 Vgl. allgemein *Armando M. Marques Guedes*, O Tribunal Constitucional português: os primeiros seis anos (1983-1989), in: O direito, A. 125, Nr. 1-2 (Jan.-Jun. 1993), S. 7-38.

99 Dies erscheint als konsequent zur einschlägigen Transitionsbestimmung aus Art. 114 GVfGH.

2) Entscheidung Nr. 14/83
(26. Oktober 1983)[100]

Vorliegend ging es um die Neuwahl des Gemeinderates von Marco de Canaveses; es wurde zum Berufungsgericht Porto eine Beschwerde wegen möglicher Unregelmäßigkeiten (auf Basis von Art. 56 Abs. 5 des Gesetzes Nr. 79/77) eingebracht. Dieses sah sich jedoch nicht als zuständig an und leitete die Beschwerde an den Verfassungsgerichtshof weiter.

Die Kammer konsolidierte die Unzuständigkeit unter Verweis auf Art. 20 PV (gesetzlicher Richter) sowie Art. 105 Abs. 2 der Zivilprozessordnung: Im Falle einer absoluten Unzuständigkeit sei es namentlich Sache des Klägers, die Überweisung des Falls an das Gericht zu beantragen, bei dem die Klage hätte erhoben werden müssen. Der Verfassungsgerichtshof sah sich jedoch auch selbst nicht als sachzuständig an, da es gem. Art. 101 GVfGH nur dann für die Beurteilung der Begründetheit einer Berufung zuständig sei, wenn um eine Angelegenheit handele, die Gegenstand von Wahlstreitigkeiten gem. Art. 103 des Gesetzesdekretes Nr. 701-B/76 sei, was vorliegend nicht der Fall war.

3) Entscheidung Nr. 17/94
(18. Januar 1994)[101]

In der Entscheidung Nr. 17/94 beschäftigte sich der Verfassungsgerichtshof mit dem immer noch existenten Gesetz Nr. 64/78, welches im Gefolge der Nelkenrevolution durch den Gesetzgeber insbes. zur Vorbeugung der Schaffung ultrarechter Gruppierungen verabschiedet worden war. Die Entscheidung emphatisiert, dass Verfassung und Gesetz Portugals weder das individuelle Eintreten für die faschistische Ideologie noch den öffentlichen Ausdruck, die Verteidigung oder die Verbreitung dieser Ideologie verbieten; sie verbieten demgegenüber jedoch die Existenz von Organisationen, die zu diesen Zwecken gegründet werden.

Allerdings machten die Verfassungsrichter klar, dass das gesetzgeberische Konzept solcher Organisationen sehr weit gefasst sei – insoweit sei, angesichts der hiermit einhergehenden Einschränkung der Grundrechte,

100 Vgl. im Folgenden http://www.tribunalconstitucional.pt/tc/acordaos/19830014.html (letzter Abruf am 23. August 2020).

101 Vgl. im Folgenden https://www.tribunalconstitucional.pt/tc/acordaos/19940017.html (letzter Abruf am 23. August 2020).

-freiheiten und -garantien besondere Sorgfalt bei der Umsetzung des Gesetzes Nr. 64/78 geboten. Maßstab des einschlägigen Konzeptes einer Organisation sind stets tagesaktuelle Umstände und keine rein historischen Bezugnahmen.

In der Sache ging es um eine solche Organisation (Movimento de Acção Nacional – M.A.N.), welche nach Ansicht des Verfassungsgerichtshofes an sich strafrechtlich hätte verfolgt werden müssen; da jedoch die Organisation vor der Klageerhebung bereits freiwillig und dauerhaft aufgelöst worden war, mussten die Verfassungsrichter vorliegend keine entsprechende Entscheidung treffen.

4) Entscheidung Nr. 195/94 (1. März 1994)[102]

In diesem Fall ging es insbes. um die Prüfung der Verfassungsmäßigkeit von innerparlamentarischen Ermittlungen (vorgenommen gemäß dem Parlamentsentscheid Nr. 19/93) im Rahmen eines Untersuchungsausschusses (auf Basis von Bestimmungen – konkret Art. 5 und 13 – des Gesetzes Nr. 5/93) zu einem Unfall mit Todesopfern. Der Verfassungsgerichtshof machte bereits inzidenter deutlich, dass das Konzept der "Norm" im Hinblick auf seine eigene Überwachungskompetenz der Verfassungsmäßigkeit nicht nur allgemeine, abstrakte und konkrete Bestimmungen betreffe, sondern auch alle Maßnahmen von portugiesischen staatlichen Behörden, die Verhaltensregeln für Einzelpersonen oder gar die Regierung vorsehen. Auf diese Art und Weise umriss die Kammer sehr effektiv ihren möglichen Prüfungsfokus. Mithin konnte auch der entsprechende Parlamentsentscheid auf seine Konstitutionalität geprüft werden.

Der Verfassungsgerichtshof kam zum Schluss, dass eine Verfassungswidrigkeit nicht vorlag, dass aber parlamentarische Ermittlungen das Hohe Haus lediglich berechtigen würden, anhand der von ihnen bereitgestellten Informationen Maßnahmen zu ergreifen: Sie seien daher ein wichtiges Instrument für die politische Aufsicht des Parlaments, insbesondere im Zusammenhang mit der Bewertung staatlicher und administrativer Maßnahmen.

---

102 Vgl. im Folgenden http://www.tribunalconstitucional.pt/tc/acordaos/19940195.html (letzter Abruf am 23. August 2020).

5) Entscheidung Nr. 204/94 (2. März 1994)[103]

Im vorliegenden Fall beschäftigte sich der Verfassungsgerichtshof mit einem Urteil eines Lissaboner Strafgerichts, welches drei Personen wegen der Bildung einer kriminellen Vereinigung (Art. 287 Abs. 1 des Strafgesetzbuches – Código Penal, CP), die Beihilfe zur illegalen Auswanderung (gem. Art. 3 des Gesetzesdekretes 49.400 von 1969) leistete, verurteilt hatte. Das Gesetzesdekret hatte in seiner Norm freilich, noch aus Zeiten der Militärdiktatur stammend, überaus große Restriktionen zur Auswanderung geschaffen und mithin letztlich jede Form von Auswanderung unter Strafe gestellt.

Nachdem die Kammer festhielt, dass das Auswanderungsrecht im Rahmen der PV durch die besonderen Bedingungen des Art. 44 Abs. 2 geregelt werde und jedenfalls den Einschränkungen unterliege, welche in Art. 18 Abs. 2, 3 PV festgelegt seien, machten die Verfassungsrichter deutlich, dass dieses Recht kein absolutes Recht sei, und es sei verfassungsrechtlich legitim, Bedingungen für seine Ausübung durch die einfache Gesetzgebung festlegen zu lassen. Dies jedoch nicht in der Form wie durch das vorkonstitutionelle Gesetzesdekret von 1969 geschehen, welches – in seiner hier virulenten Norm des Art. 3 – für verfassungswidrig befunden wurde. Die Verfassungsrichter bezogen sich hierbei richtigerweise auch auf den durch die zeitgenössische portugiesische Wissenschaft hervorgehobenen Umstand, dass die Konfrontation zwischen (vorkonstitutionellem) einfachem Recht und der Verfassung sich namentlich auf die Frage der materiellen Verfassungsmäßigkeit zwischen dem Inhalt des bisherigen Gesetzes und den aktuellen verfassungsrechtlichen Normen oder Grundsätzen beschränken müsse.[104] Dies erscheint schlüssig, da die Norm von 1969 formell nicht durch ein reguläres Gesetzgebungsverfahren entstehen konnte.

103 Vgl. im Folgenden http://www.tribunalconstitucional.pt/tc/acordaos/19940204.html (letzter Abruf am 23. August 2020).

104 Siehe *José J. Gomes Canotilho / Vital Moreira*, Constituição da República Portuguesa Anotada, Bd. 2, 2. Aufl. Coimbra, 1985, S. 575.

6) Entscheidung Nr. 107/95
   (23. Februar 1995)[105]

In der vorliegenden Entscheidung unterstrich der Verfassungsgerichtshof, dass – *ex constitutione* – eine politische Partei, unabhängig der Ideologie ihres parteipolitischen Programmes, nicht dazu befugt sei, einen Namen, der sich direkt auf eine Religion oder Kirche bezieht, oder einschlägig verwechselbare Embleme zu verwenden. Ziel sei es, das Volk vor falschen Darstellungen zu schützen, die Transparenz der Teilnahme am politischen Leben sowie auch die Gewissensfreiheit und die Trennung von Kirche und Staat zu gewährleisten.

In diesem Fall weigerte sich die Kammer, eine politische Partei zu registrieren, die sich Sozialchristliche Partei (Partido Social Cristão) nennen, das Akronym PSC verwenden und einen weißen Fisch auf blauem Grund als Parteiemblem haben wollte.

Der Verfassungsgerichtshof entschied, dass insbes. das Wort "christlich" im Namen der Partei aufgrund seiner offensichtlichen religiösen Konnotationen Verwirrung stiften könne; ferner vertrat er die Auffassung, dass es nicht zulässig sei, dass die im Parteiprogramm angeführte christliche Lehre von einer politischen Partei angeeignet werde.

Darüber hinaus lehnte der Verfassungsgerichtshof das Emblem mit der Begründung ab, dass der Fisch ein Symbol Christi sei und dass seine historische Bedeutung die Wählerschaft irreführen könne.

Die bezeichnete politische Partei änderte infolge dessen ihren Namen, ihr Akronym und ihr Emblem innerhalb der gesetzlich vorgeschriebenen Frist von zwei Tagen. In der Entscheidung Nr. 118/95 vom 8. März 1995[106] befand der Verfassungsgerichtshof den neuen Namen, das neue Akronym und das neue Emblem für rechtlich akzeptabel und stimmte daher der offiziellen Registrierung der Partei zu.

---

105 Vgl. im Folgenden http://www.tribunalconstitucional.pt/tc/acordaos/19950107.html (letzter Abruf am 23. August 2020).

106 Vgl. im Folgenden http://www.tribunalconstitucional.pt/tc/acordaos/19950118.html (letzter Abruf am 23. August 2020).

7) Entscheidung Nr. 278/95
(31. Mai 1995)[107]

Vorliegend ging es um die Frage der konkreten Verfassungsmäßigkeit der Bestimmung des Art. 57 Abs. 1 lit. e des Gesetzesdekretes Nr. 513-Z/79, welche es der portugiesischen Generalinspektion für Finanzen ermöglichte, im Rahmen einer Untersuchung alle Daten zu überprüfen, die sich im Besitz von Bankinstituten befanden, insbesondere in Bezug auf Kundennamen, Bankkonten und Bank-, Währungs- und Finanztransaktionen, sofern diese Daten für Inspektionen im Rahmen einer Prüfung der öffentlichen Finanzen als wesentlich erschienen. Es ging also konkreter um die Frage, ob die Daten über die wirtschaftliche Situation eines Bürgers, der ein Konto bei einer Bank besitzt, und insbesondere sein Bankkonto sowie Finanz- und Währungstransaktionen in den Geltungsbereich des verfassungsrechtlich geschützten Rechts auf den Schutz seines Privatleben (als Ausprägung des Art. 26 i.V.m. Art. 2 PV) fallen.

Die wirtschaftliche Situation eines Bürgers, die sich aus seinem Bankkonto ergibt, einschließlich Aktiva und Passiva, bildete gemäß der Kammer eine wesentliche Dimension dieses verfassungsrechtlich garantierten Rechts. Beschränkungen des Bankgeheimnisses müssten daher notwendigerweise aus einem Gesetz der Versammlung der Republik (oder einem von der Regierung mit Genehmigung der Versammlung erlassenen Gesetzesdekret) hervorgehen und im weitesten Sinne des Wortes dem Verhältnismäßigkeitsprinzip entsprechen. Das heißt, solches müsse notwendig, angemessen und verhältnismäßig sein, einen allgemeinen und abstrakten Charakter und keine rückwirkende Wirkung haben. Vorliegend erkannt der Verfassungsgerichtshof dieses nicht.

Durch diese Entscheidung machte der Verfassungsgerichtshof klar, dass die Vorschriften zum Bankgeheimnis nicht nur öffentliche oder kollektive Interessen (in Bezug auf das reibungslose Funktionieren der Bankaktivitäten und das notwendige Klima des Geschäftsvertrauens) sondern auch persönliche Interessen (durch die Gewährleistung eines vollständigen Ermessensspielraums in Bezug auf das Privatleben der Bürger und Bankkunden) wahren müssen.

---

107 Vgl. im Folgenden http://www.tribunalconstitucional.pt/tc/acordaos/19950278.html (letzter Abruf am 23. August 2020).

8) Entscheidung Nr. 338/95
(22. Juni 1995)[108]

Der Verfassungsgerichtshof wurde hier gebeten, das Urteil des portugiesischen Obersten Verwaltungsgerichtes zu überprüfen, das die Bestimmungen der Rechtshilfe (zum einen Art. 7 Abs. 2 des Gesetzesdekretes Nr. 387-B/87 und zum anderen Art. 1 Abs. 1, 2 des Gesetzesdekretes Nr. 391/88) für verfassungswidrig befunden hatte, welche im vorliegenden Fall letztlich die Gewährung von Prozesskostenhilfe für einen Ausländer verhinderten, der im Rahmen seines Antrages auf politisches Asyl in Portugal eine Berufung gegen die Verwaltungsentscheidung zur Verweigerung des Flüchtlingsstatus einlegen wollte.

Infolge der monierten Normen werde gemäß der Kammer Asylbewerbern in wirtschaftlicher oder sozialer Not *in praxi* das Recht genommen, gegen eine ungünstige Verwaltungsentscheidung Berufung einzulegen. Darüber hinaus sei das Recht auf Berufung häufig die letzte Chance des Antragstellers, den Status eines politischen Flüchtlings zu erlangen. Die Kammer berief sich dabei auch auf zeitgenössische wissenschaftliche Bezugnahmen.[109]

Mithin entschied der Verfassungsgerichtshof, dass die monierten Bestimmungen verfassungswidrig seien, weil sie gegen die Grundsätze der Gleichheit (Art. 13 Abs. 1 PV) und der Ausweitung der Rechte – und vor allem der Grundrechte – auf Ausländer, die sich in Portugal aufhalten oder dort wohnen (Art. 15 PV), verstoße, wie auch gegen sein Recht auf Zugang zur Justiz aus Art. 20 PV.

Signifikant ist es jedenfalls, festzuhalten, wie die Kammer vorliegend unterstrich, dass die Verweigerung der Prozesskostenhilfe für einen Ausländer, der gegen einen Negativbescheid Berufung einlegen möchte, den praktischen Kern des Grundrechts auf den Zugang zur Justiz treffe und Personen in einer Situation der finanziellen Not diskriminiere.

---

108 Vgl. im Folgenden http://www.tribunalconstitucional.pt/tc/acordaos/19950338.html (letzter Abruf am 23. August 2020).

109 Vgl. *José J. Gomes Canotilho / Vital Moreira,* Constituição da República Portuguesa Anotada, 3. Aufl. Coimbra 1993, S. 135/211.

9) Entscheidung Nr. 976/96
(27. Juli 1996)[110]

Der Präsident der Republik (seinerzeit *Sampaio*), forderte den Verfassungsgerichtshof vorliegend auf, gem. Art. 225 Abs. 2 lit. a PV seine vorübergehende Arbeitsunfähigkeit ab dem 27. Juli 1996 zur Kenntnis zu nehmen und erklären, da er sich einer chirurgischen Operation unterziehen sollte. Der Präsident fügte seinem Antrag einen medizinischen Bericht hinzu, in welchem der Zustand, der eine Operation erforderlich machte, die Umstände der Operation und die voraussichtliche postoperative Zeit beschrieben wurden; der Bericht kam aus rein medizinischer Sicht zu dem Schluss, dass die Operation die vorübergehende Unfähigkeit des Präsidenten mit sich bringen würde, seine verfassungsrechtlichen Pflichten wahrzunehmen.

Auf der Grundlage dieser Informationen bestätigte und erklärte die Kammer (nach entsprechender Prüfung, kraft welcher auf zusätzliche klinische Untersuchungen verzichtet werden könne), die vorübergehende Unfähigkeit der Ausübung der Amtsgeschäfte des Präsidenten der Republik ab dem 27. Juli 1996. Die Aufgaben des Präsidenten der Republik würde, kraft dieser Entscheidung und gemäß Art. 135 Abs. 1 PV, währenddessen vom Präsidenten der Versammlung der Republik, (seinerzeit *de Almeida Santos*), übernommen werden.

Als Resümee dieser Entscheidung kann festgehalten werden, dass im Fall, in welchem der Präsident der Republik selbst eine Erklärung über die vorübergehende Unfähigkeit zur Ausübung von Pflichten beantragt hat, der Verfassungsgerichtshof keinerlei entsprechende Anhörung beantragen und durchführen, die ansonsten vermöge des Art. 88 GVfGH vorgesehen ist. Im vorliegenden Fall reichten die in dem Antrag beigefügten ärztlichen Informationen vernünftigerweise für die Entscheidung der Kammer aus. Durch die Entscheidung Nr. 980/96 vom 7. August 1996[111] wurde Präsident *Sampaios* Fähigkeit, infolge seiner Rekonvaleszenz seine Amtsgeschäfte wieder zu übernehmen, offiziell durch den Verfassungsgerichtshof anerkannt.

---

110 Vgl. im Folgenden http://www.tribunalconstitucional.pt/tc/acordaos/19960976.html (letzter Abruf am 23. August 2020).

111 Siehe http://www.tribunalconstitucional.pt/tc/acordaos/19960980.html (letzter Abruf am 23. August 2020).

10) Entscheidung Nr. 1/97
(8. Januar 1997)[112]

Im vorliegenden Fall ging es um einen Antrag des Präsidenten der Republik auf präventive abstrakte Prüfung der Verfassungsmäßigkeit eines Dekretes (Nr. 58/VII, zur Schaffung zusätzlicher Stellen im Zugang zur Hochschulbildung / Criação de Vagas Adicionais no Acesso ao Ensino Superior), welches ihm zur Ausfertigung vorgelegt wurde, und welches mit Unterstützung aller parlamentarischen Oppositionsparteien – entgegen des Willens der die damalige (Minderheits-)Regierung tragenden Fraktion vom Hohen Haus verabschiedet worden war.

Das Staatsoberhaupt befürchtete, dass sich das monierte Dekret im Nachhinein als nachteilig für die Regeln der nationalen Aufnahmeprüfung (Gesetzesdekret Nr. 28-B/96) für das akademische Jahr 1996/1997 auswirken könnte. Dieses schuf Kapazitäten, welche von den portugiesischen Hochschulen realiter ausgeschöpft werden konnten. Der Präsident der Republik sah bei der zusätzlichen Schaffung solcher Plätze einen möglichen Verstoß gegen den Gleichheitsgrundsatz (Art. 13 Abs. 1 PV), da die untersuchten Bestimmungen in seinen Augen unbegründete Vorteile für die betreffenden Personen schufen.

In ihrer Entscheidung, die von verfassungsrichterlichen Mindermeinungen flankiert wurde, entschied die Kammer, dass die untersuchten Bestimmungen in der Tat verfassungswidrig seien, weil sie insbes. mit dem konstitutionellen Grundsatz der Gleichheit (hier namentlich der Gleichheit des Zuganges zur Hochschulbildung) in Konflikt standen.

Als signifikant erscheint bei der Bewertung dieses Judikates, dass die Kammer den Gleichheitsgrundsatz vor einer effektiven Aushöhlung im empfindsamen Feld der Hochschulbildung bewahrte und somit ein Stück Rechtssicherheit diesbezüglich schuf.

---

112 Vgl. im Folgenden Diário da República n.º 54/1997, Série I-A de 1997-03-05, S. 966-987; http://www.tribunalconstitucional.pt/tc/acordaos/19970001.html (letzter Abruf am 23. August 2020).

11) Entscheidung Nr. 494/99 (5. September 1999)[113]

Der Präsident der Republik bat den Verfassungsgerichtshof vorliegend um eine präventive abstrakte Kontrolle der formellen Verfassungsmäßigkeit des zwischen der Republik Portugal und der Republik Chile geschlossenen Übereinkommens über soziale Sicherheit vom 25. März 1999 Auf der Grundlage von Art. 197 Abs. 1 lit. c PV musste dieses internationale Abkommen nicht auch von der Versammlung der Republik gebilligt werden – es reichte die Regierungssanktionierung (welche durch das Dekret Nr. 281/99 erfolgte). Insbesondere wurde die Befugnis der Regierung zur alleinigen Genehmigung des Übereinkommens in Frage gestellt, da sich sein Inhalt auf eine sozialrechtliche Angelegenheit beziehe, die gem. Art. 161 lit. i PV der ausschließlichen Befugnis der Versammlung der Republik unterliege.

Der Verfassungsgerichtshof entschied, dass das Übereinkommen lediglich den Geltungsbereich der portugiesischen Sozialversicherungsgesetzgebung erweitern und festlegen sollte, in welchen Fällen einschlägig chilenisches Recht unter Bezugnahme auf Kriterien wie Wohnort und Arbeitsort gelten würde – somit wurden die Regeln für die Systeme der sozialen Sicherheit der beiden Länder angeglichen, indem Gesetzeslücken und Überschneidungen beseitigt wurden. Die Kammer emphatisierte daher, dass das Übereinkommen nur Fragen des internationalen sozialrechtlichen Status des Einzelnen in Verbindung mit beiden Unterzeichnerstaaten betreffe und daher keinen wirklichen Einfluss auf die Grundprinzipien des portugiesischen Systems der sozialen Sicherheit[114] habe, in denen kraft Art. 161 lit. i PV die Versammlung der Republik die ausschließliche Gesetzgebungsbefugnis habe (siehe auch Art. 165 Abs. 1 lit. f PV). Die Argumentation der Kammer vermochte im vorliegenden Fall nicht zu überzeugen, da die Thematik des Übereinkommens das portugiesische Systems der sozialen Sicherheit zumindest tangierte; somit schaffte die Kammer durch ihr Judikat nicht unbedingt Rechtssicherheit und Rechts-

---

113 Vgl. im Folgenden http://www.tribunalconstitucional.pt/tc/acordaos/19990494.html (letzter Abruf am 23. August 2020).

114 Kritisch hierzu insbes. bereits *João Carlos Espada*, Direitos sociais de cidadania – uma critica a F.A. Hayek e R. Plant, in: Análise social, Bd. 30, Nr. 131-132 (1995), S. 265-287; *Fernando Ribeiro Mendes*, Por onde vai a segurança social portuguesa?, in: Análise social, Bd. 30, Nr. 131-132 (1995), S. 405-429; *Karin Wall*, Apontamentos sobre a família na política social portuguesa, in: Análise social, Bd. 30, Nr. 131-132 (1995), S. 431-458.

klarheit hinsichtlich der Sanktionierung internationaler Übereinkommen. Bemerkenswerterweise sollte dieser Topos in den Folgejahren nicht wieder aufgegriffen werden, so dass die Regierung den (gemäß der Wissenschaft eng auszulegenden) Art. 197 Abs. 1 lit. c PV nach wie vor theoretisch sehr liberal nutzen kann.

12) Entscheidung Nr. 437/2000
(18. Oktober 2000)[115]

Der portugiesische Ombudsman forderte den Verfassungsgerichtshof im vorliegenden Fall auf, eine Bestimmung in einem vor Inkrafttreten der geltenden PV genehmigten Gesetzesdekret (konkret Art. 16 Abs. 4 des Gesetzesdekretes Nr. 215-B/75) mit allgemeiner Verbindlichkeit für verfassungswidrig zu erklären, nach welcher ein Arbeitnehmer jederzeit das Recht habe, die Gewerkschaft zu verlassen, der er angehöre; die Gewerkschaft könne jedoch die Zahlung von Mitgliedsbeiträgen bis zu drei Monaten nach dieser Demission verlangen. Der Ombudsman war der Ansicht, dass dieses Erfordernis die Freiheit der Arbeitnehmer einschränkte, einer Gewerkschaft beizutreten und diese, falls gewünscht, wieder zu verlassen.

Art. 55 PV erkennt die Grundfreiheit an, Gewerkschaften zu gründen, was unter anderem auch die Freiheit der Arbeitnehmer zur Zugehörigkeit garantiert.[116] Diese Freiheit inkludiert auch, dass kein Arbeitnehmer dazu verpflichtet werden darf, Beiträge an eine Gewerkschaft zu zahlen, der er nicht angehört.

Der Verfassungsgerichtshof erklärte die hier monierte Bestimmung mithin für verfassungswidrig, da eine effektiv außerordentliche Zahlung von Gewerkschaftsbeiträgen jedenfalls nicht gerechtfertigt sei: Der wichtigste Punkt dieser Entscheidung war, neben der effektiven Befassung der Kammer mit vorkonstitutionellem Recht, die Unterstreichung, dass die Freiheit, einer Gewerkschaft anzugehören, zwei Dimensionen umfasse – eine positive und eine negative. Die positive Dimension erkenne das Recht

---

115 Vgl. im Folgenden Diário da República n.º 272/2000, Série I-A de 2000-11-24, S. 6712-6713; http://www.tribunalconstitucional.pt/tc/acordaos/20000437.html (letzter Abruf am 23. August 2020).

116 Vgl. zum hier behandelten Topos etwas allgemeiner (und zeitlos) *Fátima Patriarca,* A regulamentação de trabalho nos primeiros anos do regime corporativo, in: Análise social, Bd. 29, Nr. 128 (1994), S. 801-839; ebenso *João Caupers,* Os direitos fundamentais dos trabalhadores e a Constituição, Coimbra 1985, bereits S. 1 ff.

der Arbeitnehmer an, eine Gewerkschaft zu gründen und einer Gewerkschaft anzugehören, die sie vertreten könne, ohne sie zu verpflichten, von einer Ermessensentscheidung über die Zulassung durch die Gewerkschaft abhängig zu sein. Die negative Dimension garantiere das Recht, nicht Mitglied einer Gewerkschaft zu sein, und das Recht, jederzeit eine Gewerkschaft zu verlassen. Solcherart stärkte die Kammer die portugiesischen Grundrechte, in Anbetracht der nach 1976 traditionell sehr einflussreichen portugiesischen Gewerkschaften.

13) Entscheidung Nr. 36/2002
(31. Januar 2002)[117]

Der Präsident der Republik beantragte eine präventive abstrakte Prüfung der Verfassungsmäßigkeit des einzigen Artikels des Dekretes Nr. 185 / VIII der Versammlung der Republik, welche das System der Sonderhilfe für die Rückzahlung der öffentlichen Schulden der autonomen Regionen der Azoren und Madeira änderte. Dieses Dekret wurde am 11. Januar 2002 zur Verkündung an das Büro des Präsidenten weitergeleitet, als Teil des parlamentarischen Gesetzgebungsverfahrens, welches auf Vorschlag der Regierung eingeleitet und in der Sitzung des Parlaments am 20. Dezember 2001 angenommen wurde.

Die Regierung war jedoch zu diesem Zeitpunkt nicht mehr im Amt, da der Präsident der Republik den vom Premierminister (*Guterres*) eingereichten Rücktritt bereits akzeptiert hatte. Das einschlägige Präsidialdekret zur Annahme des Rücktritts (Nr. 60-A/2001) datierte zwar vom 17. Dezember 2001, wurde jedoch erst am 26. Dezember 2001 in Umlauf gebracht. Die Tatsache, dass der Präsident den Rücktritt der Regierung akzeptiert hatte, war jedoch allgemein bekannt, da durch das Büro des Präsidenten öffentlich gegenüber den Massenmedien angekündigt worden.

Die Kammer war letztlich der (diskutablen, da gemäß Art. 119 Abs. 2 PV Präsidialdekrete ohne rechtliche Wirkung sind, sofern sie nicht im Amtsblatt veröffentlicht werden) Ansicht, dass das rechtlich signifikante Datum vorliegend dasjenige war, an welchem der Präsident die politische Maßnahme zur Annahme des vom Premierminister eingereichten Rücktritts durchführte, wodurch gemäß Art. 195 Abs. 1 PV der Rücktritt der Re-

117 Vgl. im Folgenden Diário da República n.º 45/2002, Série I-A de 2002-02-22, S. 1458-1467; http://www.tribunalconstitucional.pt/tc/acordaos/20020036.html (letzter Abruf am 23. August 2020).

gierung wirksam geworden sei. Daher sei die Regierung am 17. Dezember 2001 nicht mehr im Amt gewesen. Nachdem der Zeitpunkt des Rücktritts der Regierung und damit auch der Zeitpunkt der Nichtigkeit etwaiger danach im Parlament eingereichter Gesetzesentwürfe festgelegt worden war, entschied der Verfassungsgerichtshof, dass die vorliegend monierte Norm, als sie in der Sitzung des Parlaments vom 20. Dezember 2001 verabschiedet wurde, bereits aufgrund des Rücktritts der Regierung (am 17. Dezember 2001) hinfällig geworden sei. Es spielte hierbei keine Rolle, dass dieses Kabinett (lediglich) noch die Amtsgeschäfte bis zur nächsten Parlamentswahl führen sollte. Abschließend entschied der Verfassungsgerichtshof, dass das Dekret Nr. 185 / VIII bereits formell verfassungswidrig sei, weil es im Widerspruch zu Art. 167 Abs. 6 PV und der ordentlichen Gesetzgebung stehe.

Trotz angeführter Monita trug diese Entscheidung dazu bei, den ordentlichen Gesetzgebungsprozess *ex constitutione* zu stärken.

14) Entscheidung Nr. 65/2002 (8. Februar 2002)[118]

Im Kontext der vorangehend behandelten Entscheidung Nr. 36/2002 ersuchte hier erneut der Präsident der Republik den Verfassungsgerichtshof um eine präventive abstrakte Prüfung der Verfassungsmäßigkeit von Bestimmungen verschiedener Artikel (konkret 1, 4, 5 und 6) eines Regierungsdekretes (Nr. 475/2001-MS), die möglicherweise (hinsichtlich des Ausscheidens der Regierung) gegen Art. 186 Abs. 5 PV verstießen: Gemäß dieser Regel beschränkt sich eine Regierung nach ihrer Demission auf Maßnahmen, die für die Verwaltung öffentlicher Angelegenheiten unbedingt erforderlich sind. Das bezeichnete Dekret wurde am 16. Januar 2002 zur Verkündung an das Büro des Präsidenten weitergeleitet.

Der Präsident der Republik wollte wissen, ob solche (Not-)Maßnahmen, wie vorliegend, die Art der Ernennung von technischen Verwaltungsräten von Krankenhäusern und Gesundheitseinrichtungen sowie die Mitgliedschaft in technischen Gremien von Krankenhäusern und die Regeln für den Erwerb von Waren und Dienstleistungen durch Krankenhäuser beinhalten würden.

118 Vgl. im Folgenden Diário da República n.º 51/2002, Série II de 2002-03-01, S. 3997-4004; http://www.tribunalconstitucional.pt/tc/acordaos/20020065.html (letzter Abruf am 23. August 2020).

Der Verfassungsgerichtshof entschied, dass in Bezug auf das Ziel, das die Regierung mit dem Dekret erreichen wollte – die Reduzierung der Ausgaben von Krankenhäusern und Gesundheitseinrichtungen angesichts ihrer Bedeutung für die öffentlichen Ausgaben insgesamt -, das verfassungsrechtliche Erfordernis der strengen Notwendigkeit erfüllt war.[119] In ähnlicher Weise wurde auch die Dringlichkeit oder Unmöglichkeit einer Verschiebung der Maßnahme nachgewiesen.

Als wichtiges Resümee dieser Entscheidung bleibt festzuhalten, dass (naturgemäß) Maßnahmen, die eine Regierung nach ihrem Rücktritt trifft, der checks and balances-Kontrolle durch die zuständigen Behörden unterliegt, wobei besonderer Wert auf das verfassungsrechtliche Kriterium der strengen Notwendigkeit dieser Maßnahmen gelegt wird. Die Regierung muss die strikte Notwendigkeit der von ihr genehmigten gesetzgeberischen Maßnahmen nachweisen.

15) Entscheidung 421/2002 (15. Oktober 2002)[120]

Gemäß Art. 103 ff. GVfGH ist eine Systematik zur Anfechtung der Entscheidungen von politischen Parteiorganen vorgesehen. Dies, so emphatisierte die Kammer im vorliegenden Fall bereits einleitend, führe nicht zu einer verfassungsrechtlich unzulässigen staatlichen Einmischung in das freie Funktionieren von politische Parteien; lediglich umfasse die Norm Mechanismen, die für die Wahrung bestehender verfassungsrechtlicher und rechtlicher Grundsätze von wesentlicher Bedeutung seien. Insoweit sind Partei-Disziplinarentscheidungen stets einer externen gerichtlichen Überprüfung zu unterziehen.

---

119 Vgl. zum Hintergrund etwas allgemeiner *Andrea López Contreras / Marco Solorio Romero / Karla Martínez Medina / Teresa M.G. Da Cunha Lopes*, As fontes doutrinárias diretas das sentenças de control preventivo da constitucionalidade do Tribunal Constitucional de Portugal no período de Janeiro 2002 a Dezembro 2002, in: Teresa M.G. Da Cunha Lopes / Lucio Pegoraro (Koord.), A *contribuição* da *doutrina* na *jurisdição* constitucional Portuguesa e Brasileira (=Colección Transformaciones Jurídicas y Sociales en el siglo XXI, Serie 8/Bd. 3), Bologna/Lissabon 2014, S. 148-201.

120 Vgl. im Folgenden Diário da República n.º 302/2002, Série II de 2002-12-31, S. 21179-21183; http://www.tribunalconstitucional.pt/tc/acordaos/20020421.html (letzter Abruf am 23. August 2020).

Im vorliegenden Fall reichten drei Mitglieder der Portugiesischen Kommunistischen Partei (Partido Comunista Português/PCP) entsprechende Beschwerden gegen eine Entscheidung des Sekretariats des Zentralkomitees des PCP vom 19. Juli 2002 ein, welche zwei davon von der Partei ausschloss sowie der dritten Person auferlegte, für 10 Monate jegliches Parteiamt ruhen zu lassen.

Gemäß dem Gefüge der Art. 10 Abs. 2 und 51 Abs. 1 PV haben die politischen Parteien, unter Respektierung demokratischer Grundsätze, zur Organisation und zum Ausdruck des Willens des Volkes beizutragen. Die angeführten demokratischen Grundsätze umfassten nach Ansicht des Verfassungsgerichtshofes auch die Parteimitglieder.

Das GVfGH führte, wie angesprochen, ein Verfahren ein, um die Wahl der Mitglieder von Organen politischer Parteien wie auch etwa Disziplinarsanktionen notwendigenfalls anfechten zu können. Der Verfassungsgerichtshof analysierte das besagte System zur Anfechtung von Entscheidungen und die Statuten des PCP und stellte in der vorliegenden Sache fest, dass die Beschwerde gegen die Disziplinarentscheidungen des Sekretariats des Partei-Zentralkomitees auch in der Sache begründet sei, da bei Auferlegung der genannten Disziplinarmaßnahmen nicht der von den Statuten vorgeschriebene Weg des einschlägig zuständigen Parteisonderorganes gewählt worden war, sondern das Zentralkomitee als höchste interne Parteieinrichtung die Maßnahmen auferlegte.

16) Entscheidung Nr. 174/2005 (31. März 2005)[121]

Der Verfassungsgerichtshof prüfte vorliegend die Verfassungsmäßigkeit eines gemeinsamen Beschlusses (Nr. 344/98) des portugiesischen Finanz- und des Landwirtschaftsministers, in welchem die Regeln für die Entschädigung von Tierbesitzern festgelegt wurden, deren Tiere nach Diagnose von spongiformer Rinder-Enzephalopathie zwangsweise geschlachtet und entsorgt werden mussten; dies erfolgte mit einem pekuniären Betrag, der dem Marktwert der Tiere entsprach. Tierbesitzer hatten sich beschwert, dass der einschlägig vorgesehen Betrag dem verfassungsmäßigen Konzept

121 Vgl. im Folgenden Diário da República n.º 88/2005, Série II de 2005-05-06, S. 7210-7215; http://www.tribunalconstitucional.pt/tc/acordaos/20050174.html (letzter Abruf am 23. August 2020).

einer fairen Kompensation, in Anwendung des Eigentumsgrundrechts aus Art. 62 PV, widerspreche.

Die Kammer entschied jedoch in diesem Fall, dass die Bestimmungen des gemeinsamen Beschlusses nicht verfassungswidrig waren. In Anbetracht des damaligen Marktpreises für Fleisch sei die beschlossene Gesamtentschädigung nicht eine symbolische, sondern sogar höher einzustufen als die Summe, die sich aus einem Wert ergeben hätte, der auf der Grundlage des Preises berechnet würde, zu dem das Fleisch der geschlachteten Tiere sonst hätte verkauft werden können. Diese Summe stelle auch sicher, dass die einschlägigen Ausgaben gerecht verteilt würden, da alle portugiesischen Steuerzahler die Kosten für die Beseitigung der auf der Rinderfarm des Antragstellers festgestellten Gefahr teilen mussten.

Die Signifikanz der Entscheidung kann hier auch darauf bezogen werden, dass die Verfassungsrichter das verfassungsmäßige Konzept fairer Kompensation bei Verletzung des Eigentumsgrundrechts (Art. 62, insbes. Abs. 2 PV) unterstrichen, solcherart nämlich, dass dieses rein symbolische Entschädigungen verbot, den Grundsatz gleichmäßiger Aufteilung öffentlicher Ausgaben emphatisierte und das einschlägige öffentliche Interesse hervorhob.

17) Entscheidung Nr. 704/2004 (17. Dezember 2004)[122]

Der Präsident der Republik beantragte vorliegend eine präventive abstrakte Überprüfung der Verfassungsmäßigkeit und Rechtmäßigkeit eines Referendumsvorschlags, der vom portugiesischen Gesetzgeber genehmigt worden war und dessen Inhalt wie folgt lautete: "Stimmen Sie der Charta der Grundrechte, der Regel der qualifizierten Mehrheit und dem neuen institutionellen Rahmen der Europäischen Union gemäß der Verfassung für Europa zu?" Der Referendumsvorschlag war Teil des Verfahrens zur Entscheidung über einen künftigen Gesetzgebungsakt (über den – letztlich gescheiterten – Verfassungsvertrag für die EU).

In diesem Fall entschied der Verfassungsgerichtshof, dass der Referendumsvorschlag nicht den Anforderungen an Klarheit und Formulierung einer Frage entsprach, welche eine Antwort vom Typ "Ja" oder "Nein" (ge-

---

122 Vgl. im Folgenden Diário da República n.º 304/2004, Série I-A de 2004-12-30, S. 7390-7395; http://www.tribunalconstitucional.pt/tc/acordaos/20040704.html (letzter Abruf am 23. August 2020).

mäß Art. 115 Abs. 6 PV und Art. 7 Abs. 2 des Organgesetzes über Referenden, Lei Orgânica do Regime do Referendo) erforderte; folglich war das vorgeschlagene Referendum weder verfassungskonform noch rechtmäßig. Die Aufführung drei getrennter Fragen verstoße gegen die verfassungsrechtlichen und einfachgesetzlichen Bestimmungen, wonach die Frage so formuliert werden müsse, dass eine Antwort vom Typ "Ja" oder "Nein" möglich sei. Mit der Formulierung der Frage solle ja sichergestellt werden, dass Zweck und Inhalt der Abstimmung voll und ganz übereinstimmten.

Auf diese Art und Weise diente der Verfassungsgerichtshof, wie schon in vorangehender Judikatur,[123] der notwendigen Rechtsklarheit bei der Auslegung der PV und des einschlägigen Organgesetzes, ungeachtet möglichen Druckes von Seiten der Politik.

18) Entscheidung Nr. 633/2006
(21. November 2006)[124]

Der portugiesische Ombudsman beantragte in diesem Fall, Art. 27 des Gesetzesdekretes Nr. 268/92, durch welchen Wetten auf Pferderennen vom Werbeverbot ausgenommen wurden, mit allgemeiner Verbindlichkeit für verfassungswidrig zu erklären. Er argumentierte, dass der Werbekodex (Gesetzesdekret Nr. 330/90) Werbung für Glücksspiele allgemein einschränke (Art. 21 Abs. 2 dieses Kodizes). Durch die vorliegend monierte Norm aus 1992 gab es eine Ausnahme hinsichtlich der Bewerbung von Glücksspielen zugunsten der "Santa Casa da Misericórdia de Lisboa", einem Zentrum, welches sozialen Bedürfnissen diente. In den Augen des Ombudsman bestünden somit zwei verschiedene Regelungen zur Werbung für Glücksspiele: Die allgemeine, restriktive und eine nachfolgende Sonderregel für Wetten auf Pferderennen.

Der Verfassungsgerichtshof hielt jedoch diese Differenzierung nicht für grundsätzlich unangemessen oder willkürlich, und (bereits aus sozialrechtlichen Gründen) nicht als gegen den Gleichheitsgrundsatz aus Art. 13 Abs. 1 PV verstoßend. Nach Ansicht der Verfassungsrichter bestand die Begründung für die Ausnahme darin, dass die Behörden zwar allgemein

---

123 Entscheidung Nr. 531/98 vom 29. Juni 1998, http://www.tribunalconstitucional.pt/tc/acordaos/19980531.html (letzter Abruf am 23. August 2020).

124 Vgl. im Folgenden Diário da República n.º 2/2007, Série II de 2007-01-03, S. 120-123; http://www.tribunalconstitucional.pt/tc/acordaos/20060633.html (letzter Abruf am 23. August 2020).

nicht wünschten, dass das Glücksspiel aufgrund seiner Konsequenzen gefördert werde, sie aber nicht so weit gehen würden, es vollständig zu verbieten, es sei denn, es lägen Gründe des öffentlichen Interesses vor (was vorliegend nicht erkannt wurde).

Die Entscheidung war insoweit wichtig, als dass sie darlegte, dass die PV zum einen naturgemäß nicht den Begriff der Werbung definierte, das Thema jedoch nicht vollständig dem Gesetzgeber überließ: Bei der Prüfung etwaiger Werbebeschränkungen sei jedenfalls immer zu berücksichtigen, dass Werbung ein komplexes Thema sei, bei dem mehrere durch die Verfassung geschützte Grundrechte (etwa auch die sozialen Grundrechte der Art. 63 und 72 PV) zusammenliefen.

19) Entscheidung Nr. 154/2007
(2. März 2007)[125]

Vorliegend ging es um die Auslegung von Art. 22 PV (über die zivilrechtliche Haftung des Staates und anderer öffentlicher Stellen für Handlungen oder Unterlassungen, die Rechte, Freiheiten oder Schutzmaßnahmen verletzen oder anderen Schaden zufügen). Ein Fischzuchtunternehmen erhob gegen den portugiesischen Staat Schadensersatzklage wegen mutmaßlich unrechtmäßiger Handlungen der öffentlichen Verwaltung. Die Arbeiten zur Errichtung einer einschlägigen Farm waren genehmigt worden und hatten bereits begonnen, sie wurden jedoch durch Beschluss einer Verwaltungsbehörde ausgesetzt.

Diese Suspendierungsentscheidung, welche jeglicher Begründung entbehrte, wurde wiederum aufgehoben. Das Unternehmen beantragte eine Kompensation für die Schäden, die durch die Einstellung der durch die aufgehobene Entscheidung verursachten Arbeiten entstanden waren.

Dies war freilich nicht das erste Mal, dass der Verfassungsgerichtshof einen Fall behandelte, in dem ein mutmaßlicher Verstoß gegen Art. 22 PV vorlag:

In der Entscheidung Nr. 153/90[126] prüfte die Kammer einen vergleichbaren Fall und kam zu dem Schluss, dass Art. 22 PV keine Grundlage

---

125 Vgl. im Folgenden Diário da República n.º 86/2007, Série II de 2007-05-04, S. 11626-11629; http://www.tribunalconstitucional.pt/tc/acordaos/20070154.html (letzter Abruf am 23. August 2020).

126 Entscheidung vom 3. Mai 1990, vgl. etwa http://www.tribunalconstitucional.pt/tc/acordaos/19900153.html (letzter Abruf am 23. August 2020).

für eine vertragliche Haftung des Staates vorsah. Durch die Entscheidung Nr. 107/92[127] konsolidierte die Kammer, dass derselbe Verfassungsartikel den Grundsatz der staatlichen Haftung für Verletzungen des Bürgers verankerte, zumindest wenn die Verletzung auf rechtswidrigen Maßnahmen beruhte. In der Entscheidung Nr. 45/99[128] kam ferner die wichtige Schlussfolgerung der Verfassungsrichter zutage, dass Art. 22 PV nicht nur die institutionelle Garantie für die direkte staatliche Haftung festlegte, sondern auch das Recht der Privatperson anerkannte, bei Verletzung von Rechten, Freiheiten oder Garantien Kompensation zu erhalten. Vorliegend erkannte die Kammer also schlüssiger Weise an, dass dem Ursprungskläger Kompensation zustehe, denn anderenfalls könne die zivilrechtliche Haftung ihre Hauptfunktion nicht erfüllen, um sicherzustellen, dass Privatpersonen eine Entschädigung für Schäden erhielten, die durch Handlungen von Mitgliedern staatlicher Stellen, öffentlicher Bediensteter oder Angestellter des Staates oder anderer öffentlicher Einrichtungen verursacht worden seien.

20) Entscheidung Nr. 786/2007 (21. November 2017)[129]

Im vorliegenden Fall entschied der Verfassungsgerichtshof auf einen Antrag des portugiesischen Ombudsman (gem. Art. 23 PV) über eine etwa Verfassungswidrigkeit der in Art. 41 Abs. 1 lit. b, 3 und 4 des Exekutivgesetzes Nr. 503/99 vom 20. November 1999 (in der revidierten Fassung von 2014) hin; dieses Gesetz reguliert die rechtliche Handhabe bei Unfällen im Dienst und bei Berufskrankheiten im Rahmen der öffentlichen Verwaltung). Nach Auffassung des Ombudsman verstießen diese Normen sowohl gegen das verfassungsmäßige Recht der Arbeitnehmer auf gerechte Wiedergutmachung bei Arbeitsunfällen oder Berufskrankheiten (von Art. 47 PV abzuleiten, i.V. konkreter mit Art. 59 Abs. 1 lit. f PV) als auch gegen den konstitutionellen Grundsatz der Gleichstellung (Art. 13 PV).

---

127 Entscheidung vom 19. März 1992, vgl. etwa http://www.tribunalconstitucional.pt/tc/acordaos/19920107.html (letzter Abruf am 23. August 2020).

128 Entscheidung vom 19. Januar 1999, vgl. etwa http://www.tribunalconstitucional.pt/tc/acordaos/19990045.html (letzter Abruf am 23. August 2020).

129 Vgl. im Folgenden http://www.tribunalconstitucional.pt/tc/acordaos/20170786.html (letzter Abruf am 23. August 2020).

Artikel 41 des bezeichneten Gesetzes regelt die Summe periodischer Leistungen, die aufgrund einer dauerhaften Arbeitsunfähigkeit von Beschäftigten im öffentlichen Dienst zu zahlen ist. Durch die Revision des Gesetzes (vermöge des Gesetzes Nr. 11/2014 vom 6. März 2014) sind die Rechtssituationen, in welchen entsprechende Leistungsanhäufungen verboten sind, auch auf eine Reihe denkbarer Arbeitsunfälle erweitert worden, was sich im Ergebnis auf Rentenzahlungen auswirkt. Dies im Kontrast zum portugiesischen Privatrecht: Der Verfassungsgerichtshof stellte in diesem Kontext fest, dass im öffentlichen Dienst arbeitsbedingte Unfälle und Berufskrankheiten grundsätzlich nicht zu einem Verlust der Erwerbsfähigkeit führen. Insofern rechtfertige das konstitutionelle Erfordernis, jeden Arbeitnehmer vor dem Gesetz als gleich zu behandeln, die Einführung unterschiedlicher Akkumulationsregelungen im normalen und im öffentlichen Dienstbereich.

Da im öffentlichen Sektor die Löhne der Arbeitnehmer und die Renten für dauerhafte Arbeitsunfähigkeit von den Steuerzahlern finanziert würden, gewährleiste das in den angegriffenen Normen verankerte Verbot der Anhäufung einer Arbeitsunfähigkeitsrente und des entsprechenden Teils des Arbeitnehmerentgelts auch die Rationalität der öffentlichen Ausgaben in diesem Bereich. Der Verfassungsgerichtshof wies daher, auf inhaltlich zwar schlüssige Art und Weise, jedoch in Kontrast zu früheren Entscheidungen vor dem Hintergrund der Austeritätspolitik, die Argumente des Petenten zurück und lehnte es ab, die angegriffenen Normen für verfassungswidrig zu erklären.

21) Entscheidung Nr. 488/2008 (7. Oktober 2008)[130]

Der Antragsteller monierte vorliegend, dass er von dem begnadigenden Erlass einer einjährigen Haftstrafe nicht profitiert habe, weil er den entstandenen Schaden eines Geschädigten nicht innerhalb von 90 Tagen nach ihrer Verurteilung durch Zahlung einer Entschädigung repariert habe (gem. Art. 5 Abs. 1, 2 des einschlägigen Gesetzes Nr. 29/99). Es wurde geltend gemacht, dass diese Bedingung aufgrund seiner finanziellen Situation zu seinem Nachteil sei, dass sie gegen den Grundsatz der Gleichheit vor

130 Vgl. im Folgenden Diário da República n.º 250/2008, Série II de 2008-12-29, S. 51150-51154; http://www.tribunalconstitucional.pt/tc/acordaos/20080488.html (letzter Abruf am 23. August 2020).

dem Gesetz (Art. 13 Abs. 1 PV) verstoße und mithin seine Rechte und Freiheiten einschränke, ohne dass diese Einschränkung allgemeiner, abstrakter Natur sei.

Der Verfassungsgerichtshof räumte ein, dass, obwohl es Sache des ordentlichen Gesetzgebers sei, im Rahmen seiner Kriminalpolitik eine allgemeine Begnadigung zu gewähren, dessen Ermessensspielraum nicht unbegrenzt sei und jedenfalls den verfassungsrechtlichen Vorgaben zu genügen habe. Die Kammer war aber vorliegend im Ergebnis der Ansicht, dass der Gesetzgeber den Grundsatz der Gleichheit vor dem Gesetz nicht verletzt habe: Die Begnadigung sei allen Personen gewährt worden, die wegen derselben Straftat wie der Beschwerdeführer verurteilt worden waren und sich daher in derselben Situation befanden. Darüber hinaus war die Frist für die Zahlung der Entschädigung, die eine Voraussetzung für die Gewährung der Begnadigung darstellte, allgemein und abstrakt festgelegt worden.

Der Verfassungsgerichtshof entschied daher schlüssig, dass die monierte Gesetzgebung nicht verfassungswidrig sei. Dergestalt schufen die Verfassungsrichter die notwendige Rechtsklarheit durch die Interpretation der hier zentralen Norm.

22) Entscheidung Nr. 491/2008 (7. Oktober 2008)[131]

Die in dieser Entscheidung aufgeworfene Frage bezog sich auf die Verfassungsmäßigkeit der Auslegung einer Regel, die in den Rechtsvorschriften (konkret Art. 18 des Gesetzesdekretes Nr. 323/89) über den Status des leitenden Personals des öffentlichen Dienstes enthalten ist, wonach Mitglieder des Lehrpersonals öffentlicher Universitäten befördert werden können, ohne eine zusätzliche Eignungsprüfung zur Beurteilung ihrer Leistungen absolvieren zu müssen. Der Verfassungsgerichtshof entschied hier, dass die Auslegung der angefochtenen Rechtsvorschriften, wonach Mitglieder des Lehrpersonals öffentlicher Universitäten befördert werden könnten, ohne eine Wettbewerbsprüfung zur Beurteilung ihres absoluten und relativen Verdienstes ablegen zu müssen, verfassungswidrig sei, da sie gegen den Grundsatz des gleichberechtigten Zugangs zu Stellen des öffentlichen

131 Vgl. im Folgenden Diário da República n.º 219/2008, Série II de 2008-11-11, S. 46368-46476; http://www.tribunalconstitucional.pt/tc/acordaos/20080491.htm l (letzter Abruf am 23. August 2020).

Dienstes (Art. 47 Abs. 2 PV) verstoße, welcher aus dem verfassungsmäßigen Gleichheitsprinzips (Art. 13 Abs. 1 PV) und, im vorliegenden Fall, dem Grundsatz der Universitätsautonomie (Art. 76 PV) folgte.

Mit der vorliegenden Entscheidung machten die Verfassungsrichter insbes. deutlich, dass die Autonomie der Universitäten eine grundlegende Verfassungsgarantie sei, deren subjektiver Umfang über die rein institutionelle Ebene hinausgehe, da sie sich auch auf den Status des Universitätspersonals erstrecke, insbesondere im Hinblick auf die Freiheit der Forschung, der Lehre, des Denkens und der Pädagogik (Art. 42, 43 PV). Diese Autonomie der Universitäten und die damit einhergehende wissenschaftliche Freiheit erforderten jedoch, dass die Bewertung der Lehrkompetenz zum Zwecke des beruflichen Aufstiegs weiterhin nach der traditionellen Methode des portugiesischen öffentlichen Dienstes durchgeführt werde, hierbei namentlich nach der Regel der Bewertung der Leistungen. Die Entscheidung war insoweit wichtig, als dass sie der notwendigen Objektivität bei universitären Berufungen zusätzliche Emphasis verlieh und auch zur einschlägig signifikanten Transparenz beitrug.

23) Entscheidung Nr. 496/2008 (9. Oktober 2008)[132]

Als wichtigstes Resümee der Entscheidung ging hervor, dass der Gesetzgeber weitreichende Befugnisse (freilich innerhalb der verfassungsrechtlichen Vorgaben) zur Verabschiedung von öffentlichen Raumplanungsregeln habe.

Der Antragsteller beanstandete vorliegend die konkrete Verfassungsmäßigkeit der Bestimmungen (konkret des Art. 20) einer durch den portugiesischen Ministerrat verabschiedeten Verordnung (Nr. 33/99) zur Entwicklung der Küstengebiete (Plano de Ordenamento da Orla Costeira), soweit sie *in praxi* den Abriss seines Hauses (freilich unter entsprechender Kompensation) ermöglichte; dies verstoße gegen sein Eigentumsrecht (Art. 62 Abs. 1 PV). Zusätzlich zu diesem Aspekt der materiellen Verfassungswidrigkeit berief sich der Antragsteller auch auf einen etwa Verstoß des Vertrauensschutzes, wie sie dieser (für das Verhältnis zwischen Staat und Bür-

132 Vgl. im Folgenden Diário da República n.º 219/2008, Série II de 2008-11-11, S. 46376-46380; http://www.tribunalconstitucional.pt/tc/acordaos/20080496.htm l (letzter Abruf am 23. August 2020).

ger) aus dem Verfassungsgrundsatz der Rechtsstaatlichkeit (schon Art. 2 PV) ergebe.

Der Verfassungsgerichtshof war der Auffassung, dass immer zwei Bedingungen für den besagten Grundsatz der Rechtsstaatlichkeit vorliegen müssten: Erstens müsse der Staat so gehandelt oder beraten haben, dass der Einzelne veranlasst werde, mit dem Fortbestehen einer bestimmten Situation zu rechnen, und zweitens müsse diese Erwartung legitim sein oder auf vernünftigen Gründen beruhen.[133] Nach Ansicht der Kammer konnte vorliegend nicht mit Recht behauptet werden, dass der Gesetzgeber verpflichtet gewesen sei, der betreffenden Person eine weniger belastende Lösung (zum Schutz des öffentlichen Interesses) anzubieten.

Der Verfassungsgerichtshof gelangte im Übrigen zu dem nachvollziehbaren Schluss, dass die fraglichen Vorschriften der Verfassung auch aufgrund der Kompensation (Art. 62 Abs. 2 PV) entsprächen.

24) Entscheidung Nr. 161/2009 (25. März 2009)[134]

Nach einem Arbeitsunfall, der zu einer dauerhaften teilweisen Behinderung führte, schlossen das Opfer und eine Versicherungsgesellschaft im Mai 1972 eine Kompensationsvereinbarung im weiteren Risikofalle. Fast dreiundzwanzig Jahre später forderte das Opfer die Versicherungsgesellschaft auf, die Kosten für einen chirurgischen Eingriff zu übernehmen, einschließlich der Installation einer Intraokularlinse, die das Sehvermögen seines linken Auges wiederherstellen könnte.

Der Versicherer berief sich auf die Tatsache, dass die für entsprechende Anträge auf Überprüfung der Behinderung festgelegte gesetzliche Frist von zehn Jahren abgelaufen war (gemäß Sektion XXII des Gesetzes Nr. 2127/1965). Der Verfassungsgerichtshof wurde daher gebeten, eine konkrete Normenkontrolle bezüglich dieser Norm vorzunehmen. Er kam recht zügig zum Schluss, dass eine solche Befristung das konstitutionelle

133 Vgl. zum Hintergrund etwas allgemeiner *Ada Pellegrini Grinover*, A atividade administrativa em face do sistema constitucional, in: Marcelo Rebelo de Sousa [et al.] (Koord.), Estudos de homenagem ao Prof. Doutor Jorge Miranda, Bd. 1, Coimbra 2012, S. 45-67.

134 Vgl. im Folgenden Diário da República n.º 80/2009, Série II de 2009-04-24, S. 16747-16752; http://www.tribunalconstitucional.pt/tc/acordaos/20090161.html (letzter Abruf am 23. August 2020).

Grundrecht auf eine Kompensation infolge solcher Arbeitsunfälle (Art. 59 Abs. 1 PV) verletzte und daher verfassungswidrig war.

Die Kammer machte in dieser Entscheidung die konstitutionelle Wichtigkeit der Kompensation von Schäden infolge von Arbeitsunfällen deutlich; diese Signifikanz könne durch keinerlei Fristen geschmälert werden – insbes. in Fällen, in welchen der Arbeitsunfall auch Jahre später noch Nachwirkungen auf die Gesundheit der betroffenen Person habe. Dies war also ein weiteres Judiz, welches für die starke sozialrechtliche Orientierung des Verfassungsgerichtshofes sprechen kann.

25) Entscheidung Nr. 221/2009 (05. Mai 2009)[135]

Im vorliegenden Fall musste der Verfassungsgerichtshof über die Verfassungsmäßigkeit einer Vorschrift (Art. 2 Abs. 3 des Gesetzesdekretes Nr. 198/95) befinden, wonach Inanspruchnehmende des portugiesischen Nationalen Gesundheitsdienstes (Serviço Nacional de Saúde) bei Nichterfüllung der ihnen auferlegten Beweislast des Vorzeigens einer Teilnahmekarte (binnen zehn Tagen ab der in Anspruch genommenen medizinischen Dienstleistung) eine Verwaltungsgebühr entrichten sollen.

Der Verfassungsgerichtshof kam zu dem Schluss, dass die ihm vorgelegte Regel nicht für verfassungswidrig erklärt werden sollte. Privatpersonen, die Zugang zu den von der öffentlichen Verwaltung bereitgestellten Waren oder Dienstleistungen erhalten möchten, befänden sich eben in einer besonderen rechtlichen Situation, die sich aus dem Verhältnis ergebe, das mit der Nutzung einer öffentlichen Dienstleistung verbunden sei. Diese Beziehung setze voraus, dass die Betroffenen einerseits entsprechende Rechte besäßen, gleichzeitig aber auch in Rechtspositionen versetzt würden, die sich aus dem Gesetz, den Vorschriften oder der bloßen Ausübung gesetzlicher / öffentlicher Regulierungsbefugnisse ergäben und gleichermaßen entsprechende "Nachteile" mit sich brächten.

Diese Interpretation von Seiten des Verfassungsgerichtshofes war freilich wichtig für die effiziente Umsetzung des portugiesischen Gesundheitssystems, und angesichts dessen finanzieller Schwierigkeiten gewiss gerechtfertigt; schlüssig machte die Kammer hier klar, dass keine etwaige Verlet-

---

135 Vgl. im Folgenden Diário da República n.º 113/2009, Série II de 2009-06-15, S. 23439-23444; http://www.tribunalconstitucional.pt/tc/acordaos/20090221.htm l (letzter Abruf am 23. August 2020).

zung des Grundrechts auf Gesundheitsschutz (Art. 64 Abs. 1 PV) durch die angeführte Norm im Raum stehe.

26) Entscheidung Nr. 250/2009
(18. Mai 2009)[136]

Gegen eine vorherige Entscheidung[137] des Verfassungsgerichtshofes, durch welches die von einer politischen Partei (Partido Humanista) vorgeschlagene Kandidatenliste für die Wahlen zum Europäischen Parlament 2009 abgelehnt wurde, wurde Beschwerde eingelegt. Grund der Ablehnung war die (ein Wahlhindernis darstellende) Eigenschaft eines Kandidaten als Friedensrichter. Die Kammer war der Ansicht, dass die PV die Aufgaben der Judikative in der gebotenen Klarheit darlege; insoweit erscheint der Hinweis der Verfassungsrichter schlüssig, dass selbst für (amtierende oder zurückgetretene) Friedensrichter, welche eine eigene Kategorie von Richtern darstellten, die Wählbarkeitsvoraussetzungen gelten müssten, welche das, auf Basis von Art. 113 PV geschaffene Gesetz Nr. 14/79 (im vorliegenden Fall konkret Art. 28 Abs. 2) für alle Bürger vorsah. Der Verfassungsgerichtshof kam daher zu dem Schluss, dass er die Beschwerde ablehnen und demgegenüber bestätigen sollte, dass der Kandidat nicht zur Wahl zugelassen war.

Durch dieses Judikat, welche freilich drei Mindermeinungen aufwies, wurden auch vorherige Entscheidungen[138] der Kammer konsolidiert, welche effektive Wahlhindernisse für bestimmte Personengruppen bestätigten, um (auch nach Rücktritt der betreffenden Person vom entsprechenden Amte) keine Probleme hinsichtlich des Gefüges der Gewaltenteilung (bereits durch Art. 111 Abs. 1 PV) zu schaffen sowie jedenfalls Interessenskonflikte irgendeiner Form zu vermeiden. Hierdurch trug die Kammer, unter dem Hinweis, dass die Gründe für eine Entscheidung durch Hinzufügen von Tatsachen- oder Rechtsgründen mehr oder weniger umfang-

---

136 Vgl. im Folgenden Diário da República n.º 218/2009, Série II de 2009-11-10, S. 45762-45765; http://www.tribunalconstitucional.pt/tc/acordaos/20090250.htm l (letzter Abruf am 23. August 2020).

137 Entscheidung Nr. 231/2009 vom 12. Mai 2009.

138 Entscheidung Nr. 364/91 vom 31. Juli 1991 und Entscheidung Nr. 532/89 vom 17. November 1989.

reich sein können,[139] zur notwendigen Transparenz hinsichtlich der Vorbereitung und der Durchführung von Volkswahlen bei.

27) Entscheidung Nr. 486/2009
(28. September 2009)[140]

Dieser Fall bezog sich auf die Auslegung einer Bestimmung (Art. 187 Abs. 1) der portugiesischen Strafprozessordnung (Código de Processo Penal, CPP), welche das Abfangen und Aufzeichnen von Telefongesprächen und Mitteilungen aus bestimmten Gründen (etwa der Rechnungsstellung und entsprechenden Nachverfolgung) ermöglichte. Durch die Einführung der detaillierten Rechnungsstellung können Abonnenten besser prüfen, ob die vom Dienstanbieter berechneten Beträge korrekt sind. Gleichzeitig besteht jedoch auch die Möglichkeit, dass die Privatsphäre der Nutzer eines Telefondienstes durch das Vorhandensein von Informationen über die tatsächlichen Bedingungen, unter denen die Kommunikation stattfindet gefährdet wird. Gemäß der gesetzlichen Definition muss eine detaillierte Rechnung mindestens Informationen zu allen während eines bestimmten Zeitraums getätigten Anrufen, den angerufenen Telefonnummern und dem Datum jedes Anrufs, dem Zeitpunkt seines Beginns und seiner Dauer enthalten.

Als Folge des Schutzes, der der Privatsphäre des persönlichen Lebens gewährt wird, beinhaltet das Recht auf Privatsphäre der Kommunikation (Art. 34 Abs. 1 PV) nicht nur ein Verbot, Telefonanrufe in Echtzeit zu stören, sondern verhindert auch, dass Dritte später Zugang zu Elementen erhalten, die effektiv die Privatsphäre verletzen würden. Das Eindringen in Telefongespräche ist auf das zur Erreichung des beabsichtigten strafrechtlichen Ermittlungsziels erforderliche Maß beschränkt. Der Verfassungsgerichtshof gelangte zum Schluss, dass die Norm als solche verfassungskonform sei; hierbei gelang ihm ein veritabler Balanceakt zwischen einem elementaren Grundrecht und Bedürfnissen effizienter Strafverfolgung.

---

139 Vgl. *José Alberto dos Reis*, Código de Processo Civil Anotado, Bd. V (Neudruck, Coimbra 1984), S. 140.

140 Vgl. im Folgenden Diário da República n.º 215/2009, Série II de 2009-11-05, S. 45119-45125; http://www.tribunalconstitucional.pt/tc/acordaos/20090486.htm l (letzter Abruf am 23. August 2020).

28) Entscheidung Nr. 583/2009 (18. November 2009)[141]

Die Staatsanwaltschaft legte Berufung gegen eine Entscheidung ein, die in einem Urteil des Obersten Verwaltungsgerichts ergangen war, das sich weigerte, eine Norm anzuwenden, mit der Begründung, dass diese verfassungswidrig sei. Die Staatsanwaltschaft machte geltend, dass die Regelung, deren Anwendung abgelehnt wurde, nicht in einem internationalen Übereinkommen, einem Gesetzgebungsakt oder einem Regulierungsdekret festgelegt sei, sondern in einem Rundschreiben der portugiesischen Finanzverwaltung.

Ein im Steuerrecht häufig auftretendes Problem ist die normative Bedeutung sogenannter Verwaltungsrichtlinien und die darin immanente Rechtsunsicherheit: Die in den Rundschreiben der Finanzverwaltung enthaltenen Vorschriften stellten daher, gemäß dem Judiz des Verfassungsgerichtshofes, keine Regeln für die Zwecke des Systems dar, nach denen die Kammer ihre Zuständigkeit zur Kontrolle der Verfassungsmäßigkeit ausübe. Dieses System entwickelte der Verfassungsgerichtshof bekanntlich bereits in den 1980er Jahren: Wenn mithin die Quelle des Entscheidungskriteriums ein Verwaltungskriterium (und nur innerhalb der Verwaltungsabteilung verbindlich, die es ausgestellt hat) sei, bestehe keine Notwendigkeit für eine Intervention des Verfassungsgerichtshofes.

Auf diese Art und Weise zeigte die Kammer in eindrucksvoller Art und Weise auf, dass die Plethora von Verwaltungsrichtlinien insbes. der Finanzverwaltung von fragwürdiger Bindungswirkung, jedenfalls aber für den demokratischen Rechtsstaat Portugals undienlich war und auch der notwendigen Transparenz gegenüber dem Bürger, gerade in Fiskalfragen, in keiner Weise dienlich.

141 Vgl. im Folgenden Diário da República n.º 56/2010, Série II de 2010-03-22, S. 14006-14008; http://www.tribunalconstitucional.pt/tc/acordaos/20090583.html (letzter Abruf am 23. August 2020).

29) Entscheidung Nr. 49/2010
(03. Februar 2010)[142]

Die durch die vorliegende Eingabe angegriffene Norm (Art. 72 Abs. 1 des Exekutivgesetzes Nr. 220/2006) legte den rechtlichen Kompensationsrahmen für den Fall der unfreiwilligen Arbeitslosigkeit von Arbeitnehmern fest. In solchen Fällen war die Zuweisung von Arbeitslosengeldzahlungen an die Leistungsempfänger vorgesehen. Konkreter ging es um die Frage, ob diese Norm verfassungsrechtlich ausgelegt werde, wenn sie so ausgelegt würde, dass das Nichterfolgen der Zuweisung des entsprechenden Arbeitslosengeldes beim Sozialversicherungsdienst innerhalb der Frist von 90 aufeinanderfolgenden Tagen ab dem Datum des Beginns der Arbeitslosigkeit zum unheilbaren Verlust des Gesamtanspruches auf alle Leistungszahlungen führe, auf die der Arbeitslose sonst während der gesamten unfreiwilligen Arbeitslosigkeit Anspruch hätte. In der Tat stellte die Kammer in ihrer Entscheidung fest, dass die Norm verfassungswidrig war, weil sie gegen den Grundsatz der Verhältnismäßigkeit verstieß.

Der Verfassungsgerichtshof wiederholte die Argumente, die es in Bezug auf eine identische Situation vorgebracht hatte, die sich aus den vor der Veröffentlichung des Exekutivgesetzes Nr. 220/2006 geltenden Rechtsvorschriften ergeben hatte:[143] Insbesondere in Bezug auf einen Arbeitnehmer, der sich unfreiwillig in einer Situation der Arbeitslosigkeit befinde, gewähre der anwendbare Art. 58 ff. PV der Verfassung diesen Arbeitnehmern ausdrücklich und unmittelbar das Recht auf materielle Unterstützung. Dieses Recht sei somit ein Grundrecht in Bezug auf Arbeitnehmer, das einen breiten Anwendungsbereich besitze (sein Geltungsbereich umfasst unter anderem Arbeitnehmer der öffentlichen Verwaltung und Selbständige), obwohl seine vollständige Umsetzung naturgemäß von den vorhandenen finanziellen und materiellen Ressourcen des Staates abhänge. Die Regulierung des jeweils anwendbaren Verwaltungsverfahrens muss jedenfalls dem Grundsatz der Verhältnismäßigkeit unterliegen, in dem Sinne, dass die Verfahrensanforderungen notwendig und angemessen sein müssten. Auch durch diese Entscheidung dokumentierte die Kammer ihre ausgesprochen soziale Ader, die verschiedentlich als eine Art Korrektiv zu allzu strenger Sozialpolitik des Gesetzgebers gesehen werden kann.

---

142 Vgl. im Folgenden Diário da República n.º 67/2010, Série II de 2010-04-07, S. 17738-17739; http://www.tribunalconstitucional.pt/tc/acordaos/20100049.html (letzter Abruf am 23. August 2020).

143 Entscheidung Nr. 275/2007 vom 02. Mai 2007.

30) Entscheidung Nr. 75/2010 (23. Februar 2010)[144]

Dieser Fall fußte auf zwei Anträgen auf repressive abstrakte Überprüfung des Gesetzes Nr. 16/2007, welches (durch seine Art. 1-8) den Art. 142 des portugiesischen Strafgesetzbuches (Código Penal, CP) insoweit veränderte, als dass es einen Ausschluss der Rechtswidrigkeit in Fällen von Abtreibung vorsah. Dieses Gesetz besagte, dass Abtreibungen, die nach dem Wunsch der schwangeren Frau in den ersten zehn Wochen der Schwangerschaft durchgeführt würden, nicht strafbar seien, sofern sie von einem Arzt oder unter dessen Leitung in einer offiziell anerkannten Gesundheitseinrichtung in einem dazu vorgesehenen obligatorischen Termin durchgeführt werden. Als Voraussetzung normierte der Gesetzgeber eine umfassende vorherige Information der schwangeren Frau, gefolgt von einer Bedenkzeit von mindestens drei Tagen.

Der Verfassungsgerichtshof erhielt die angeführten Anträge, in denen er darum gebeten wurde, zu prüfen, ob das o.g. Gesetz mit der Verfassung vereinbar sei – eine auf Initiative einer Gruppe von dreiunddreißig Mitgliedern der Versammlung der Republik und eine vom Präsidenten der Legislativen Versammlung der Autonomen Region Madeira. Der Präsident des Verfassungsgerichtshofs entschied aufgrund des thematischen Konnexes, die gleichzeitige verfassungsprozessuale Behandlung beider Anträge. Das in den Anträgen behandelte Kernproblem war die Frist von zehn Wochen, bis zum Ablauf derer eine Abtreibung *ex lege* vorgenommen werden konnte.

Der Verfassungsgerichtshof bestätigte insoweit seine frühere Rechtsprechung[145] als dass er feststellte, dass das intrauterine Leben den verfassungsmäßigen Schutz des Rechts auf Leben (Art. 24 Abs. 1 PV) genieße, welches jedoch einen objektiven verfassungsrechtlichen Wert darstelle. Es wurde hierbei betont, dass diese Verfassungsnorm nur das Bestehen einer Schutzpflicht impliziere; die Verfassung sehe keine bestimmte Form des Schutzes vor, und insoweit sei es Sache des Gesetzgebers, eine konkrete Schutzform zu wählen. Nach Ansicht der Kammer hatte das Gesetz, dessen Verfassungsmäßigkeit es kontrollieren sollte, durch seine umfangreichen Vorgaben und Voraussetzungen vor einer Abtreibung die Schutzanforde-

---

144 Vgl. im Folgenden Diário da República n.º 60/2010, Série II de 2010-03-26, S. 15566-15605; http://www.tribunalconstitucional.pt/tc/acordaos/20100075.html (letzter Abruf am 23. August 2020).

145 Vgl. etwa die Entscheidung Nr. 25/84 vom 19. März 1984.

rung in ausreichender Form erfüllt. Die Entscheidung wurde von fünf abweichenden Richtermeinungen flankiert, was die Empfindsamkeit des Topos noch weiter dokumentiert; gleichwohl stellte die Stellungnahme der Kammer einen (unabhängig vom Ansichtspunkt des Betrachters) wichtigen Meilenstein in der weiteren rechtlichen Behandlung von Schwangerschaftsabbrüchen in Portugal dar.

31) Entscheidung Nr. 224/2010
(02. Juni 2010)[146]

In diesem Fall beantragte der portugiesische Ombudsman beim Verfassungsgerichtshof eine allgemein verbindliche Erklärung der Verfassungswidrigkeit der in einem Artikel (Art. 10 Abs. 4) eines Gesetzes (Nr. 97/88) enthaltenen Norm, welche Werbeanzeigen an öffentlichen Orten regelt. Er argumentierte, dass diese Regelung gegen das verfassungsrechtliche Gebot verstoße, nach dem Verstöße, die während der Ausübung des Rechts auf freie Meinungsäußerung und Information begangen wurden, den allgemeinen Grundsätzen des Strafrechts oder des Gesetzes über Verwaltungsdelikte unterliegen würden.

Im hier vorliegenden Hintergrundfall waren Elemente politischer Propaganda in einer solchen Werbeanzeige anzutreffen; die Kammer unterstrich jedoch, dass auch politische Äußerungen als Manifestation der Meinungsfreiheit (Art. 37 PV) anerkannt seien, sowohl hinsichtlich des Rechts auf Manifestation der eigenen Gedanken als auch des Rechts auf die freie Nutzung der Mittel, mit denen diese Gedanken verbreitet werden können. Die Richter des Verfassungsgerichtshofes sahen jedoch mehrheitlich (bei vier abweichenden Meinungen) keine Verfassungswidrigkeit darin, im Zuwiderhandlungsfalle das Straf- oder Verwaltungsrecht anwenden zu lassen; gerade in Bezug auf letzteres verlange das verfassungsrechtliche Gebot (Art. 39, insbes. Abs. 1 PV) lediglich, dass Fälle von Verwaltungsverstößen, die während der Ausübung des Rechts auf freie Meinungsäußerung und Information über die Medien begangen würden, von der unabhängigen Verwaltungsstelle, die für die Regulierung der Medien verantwortlich ist, angehört werden.

146 Vgl. im Folgenden Diário da República n.º 177/2010, Série II de 2010-09-10, S. 46778-46782; http://www.tribunalconstitucional.pt/tc/acordaos/20100224.html (letzter Abruf am 23. August 2020).

Auf diese Art und Weise schützte die Kammer sowohl die Meinungsfreiheit in effektiver Art und Weise als auch die wichtigen Zuständigkeiten der Medienaufsicht – gewiss ein Balanceakt, der durch die schlüssige und konsequent am Verfassungstext orientierte Argumentation der Kammer begünstigt wurde.

32) Entscheidung Nr. 257/2010
(29. Juni 2010)[147]

Diese Entscheidung stand im Zusammenhang mit einer avisierten Pfändung infolge eines Zivilgerichtsurteils (aus Guimarães) und den zivilprozessrechtlichen Grenzen (Art. 824 Abs. 1, 2 der portugiesischen Zivilprozessordnung) diesbezüglich; die zentrale Frage vor dem Verfassungsgerichtshof war mithin nicht weniger als die der Achtung des Rechts auf ein angemessenes Leben – eines Recht, das nicht als Grundrecht ausdrücklich in der PV verankert ist (was freilich, infolge des vergleichsweise sehr umfangreichen Grundrechtskataloges der PV als befremdlich anmutet, auch wenn dies in anderen Verfassungen insbes. Europas sehr ähnlich ist), sondern durch eigene vorherige Verfassungsrechtsprechung[148] anerkannt (und mit der hiesigen Entscheidung, dies kann man vorwegnehmen) konsolidiert worden ist. Das angeführte vorherige Judikat hatte das Gesetzesdekret Nr. 180/96, kraft welchem die Pfändungsgrenzen innerhalb der Zivilprozessordnung an ein Monatsmindesteinkommen des Pfändungsgegners (seinerzeit etwas mehr als 400 Euro) gebunden wurden, als verfassungskonform erachtet. Unterhalb dieser Grenze könne eine Pfändung nicht legitimerweise durchgeführt werden: Auf diese Art und Weise unterstrich der Verfassungsgerichtshof die Wichtigkeit eines effizienten Sozialstaates (welcher freilich als solcher durch die PV dezidiert geschützt und auch weitergehend zu bewahren ist, insbes. bereits durch Art. 63 PV).

Freilich war auch signifikant, dass die Kammer hier unterstrich, dass der gesetzliche Mindestlohn nicht mit absoluter Sicherheit als unverzichtbare Garantie für ein Mindestmaß an Lebensunterhalt angesehen werden könne, und dies insoweit immer einer Nachbesserung durch den einfachen Gesetzgeber geöffnet sein müsse.

---

147 Vgl. im Folgenden http://www.tribunalconstitucional.pt/tc/acordaos/20100257.html (letzter Abruf am 23. August 2020).

148 Entscheidung Nr. 657/2006 vom 28. November 2006.

33) Entscheidung Nr. 496/2010 (15. Dezember 2010)[149]

Dieser Fall betraf eine Beschwerde, die zwei Immobilienunternehmen gegen eine Entscheidung eingelegt hatten, die das Oberste Verwaltungsgericht Portugals als Antwort auf die Aufforderung eines Dritten zur Bereitstellung von Informationen, zur Einsichtnahme in eine Akte oder zur Ausstellung von Bescheinigungen erlassen hatte. Hintergrund war der Antrag eines Journalisten auf Zugang zu Dokumenten über die Veräußerung öffentlicher, staatlicher Immobilien. Die Beschwerdeführer machten geltend, dass einer der Artikel (konkret Art. 4) im Gesetz über den Zugang zu Verwaltungsdokumenten (Lei de Acesso aos Documentos Administrativos, LADA; Gesetz Nr. 46/2007) verfassungswidrig sei, wenn er so ausgelegt werde, dass jeder Bürger uneingeschränkten Zugang zu allen von öffentlichen Unternehmen gehaltenen Dokumenten erhalten könne.

Der Verfassungsgerichtshof vertrat in seiner Entscheidung, welche den Antrag der Beschwerdeführer abschlägig beschied, die Auffassung, dass es sich bei der angegriffenen Norm ausschließlich um das Recht Privater handele, Zugang zu den Archiven öffentlicher Unternehmen zu erhalten, deren Unternehmensziel die Verwaltung und Veräußerung öffentlicher Immobilien sei. Es sei jedenfalls nicht verfassungswidrig, solche Unternehmen, deren Unternehmensgegenstand die Verwaltung und Veräußerung öffentlicher Immobilien sei, der Verpflichtung zu unterwerfen, Privatpersonen das Recht auf Zugang zu ihren Archiven zu gewähren. Dies wurde bereits aus Gründen notwendiger Transparenz hinsichtlich des staatlichen Besitzes bejaht. Insoweit war diese Entscheidung ein wichtiger Beitrag zur Offenlegung wirtschaftlicher Aktivitäten des Staates, was freilich von öffentlichem Interesse ist.

---

149 Vgl. im Folgenden Diário da República n.º 19/2011, Série II de 2011-01-27, S. 5445-5453; http://www.tribunalconstitucional.pt/tc/acordaos/20100496.html (letzter Abruf am 23. August 2020).

34) Entscheidung Nr. 214/2011
(29. April 2011)[150]

Der Präsident der Republik beantragte vorliegend eine präventive abstrakte Überprüfung der Verfassungsmäßigkeit aller Normen, die in einem Dekret der Versammlung der Republik enthalten waren, welches ihm zur Verabschiedung als Gesetz übermittelt worden war. Mit dem fraglichen Dekret wurde das aktuelle Modell zur Beurteilung von Lehrerleistungen im Primär- und Sekundärbildungsbereich ausgesetzt. Das Dekret (Nr. 84/XI) umfasste im Wesentlichen drei Artikel: Art. 1 forderte die Regierung auf, den Verhandlungsprozess mit den Lehrergewerkschaften für ein neues Modell zur Beurteilung von Lehrerleistungen aufzunehmen; Art. 2 legte die Normen fest, die während der Übergangszeit bis zum Inkrafttreten des neuen Bewertungsmodells gelten sollten, und Art. 3 widerrief das derzeitige Dekret (Nr. 139-A/90, Estatuto da Carreira dos Educadores de Infância e dos Professores dos Ensinos Básico e Secundário) des Modells zur Beurteilung von Lehrerleistungen. Es gab auch einen Art. 4, dessen Verfassungsmäßigkeit ebenfalls Gegenstand der Überprüfung sein sollte. Es ging um das Inkrafttreten des Gesetzes, in das sich das Dekret der Versammlung der Republik verwandeln würde, wenn das Gesetzgebungsverfahren abgeschlossen würde. Der Antrag auf Überprüfung der Verfassungsmäßigkeit der Normen beruhte auf dem möglichen Vorliegen eines Verstoßes gegen das Prinzip der Gewaltenteilung (Art. 111 Abs. 1 PV).

Der Verfassungsgerichtshof stellte fest, dass sowohl die Normen, nach denen die Regierung ein neues Modell zur Beurteilung der Lehrerleistung genehmigen musste, als auch die Norm, mit der das derzeitige Regulierungsdekret widerrufen wurde, gegen das Prinzip der Gewaltenteilung und gegenseitigen Abhängigkeit verstießen.

Durch die Verabschiedung einer Norm, nach der die Regierung bis zum Ende des laufenden akademischen Jahres die Verhandlungen mit den Gewerkschaften beginnen müsse, um die Genehmigung des rechtlichen und regulatorischen Rahmens zu erreichen, der ein neues Modell zur Beurteilung der Lehrerleistung verkörpere, habe das Parlament den spezifischen Autonomiebereich der Regierung diesbezüglich verletzt und einen Zeitrahmen vorgesehen, welcher unmöglich hätte eingehalten werden können. Die Regierung sei eben ein Organ, das über eine eigene ver-

150 Vgl. im Folgenden Diário da República n.º 94/2011, Série I de 2011-05-16, S. 2752-2769; http://www.tribunalconstitucional.pt/tc/acordaos/20110214.html (letzter Abruf am 23. August 2020).

fassungsmäßige Legitimität und Kompetenz verfüge, deren Status nicht in den Händen des ordentlichen Gesetzgebers liege: Innerhalb der durch die Verfassung und das Gesetz festgelegten Grenzen sei die Regierung bei der Wahrnehmung ihrer Regierungs- und Verwaltungsfunktionen autonom.

Dieses Verfahren, welches beinahe (um eine deutsche verfassungsrechtliche Analogie zu bemühen) Organstreitcharakter enthielt (wenngleich dies lediglich auf der politischen Ebene ausgespielt wurde und in der verfassungsprozessrechtlichen Sache eben durch das Staatsoberhaupt als Antragsteller betreut wurde), war wichtig für die Einhaltung des Gewaltenteilungsprinzips wie auch für die Konsolidierung, unter Bemühung auch früherer Judikatur der Kammer,[151] der korrekten und verfassungsmäßigen Art und Weise der Rechtsetzung.

35) Entscheidung Nr. 460/2011 (22. Oktober 2011)[152]

Der vorliegende Fall betraf die Verfassungsmäßigkeit einer insbes. in einem speziellen Strafgesetz (Nr. 34/87) enthaltenen Norm (Art. 3), in welcher Straftaten mit Finanzcharakter definiert wurden, die eine besondere Verantwortung mit sich bringen, weil sie von politischen Amtsträgern bei der Wahrnehmung ihrer Aufgaben oder aufgrund dieser Ausübung als autonome Straftaten begangen werden, und die anwendbaren Sanktionen und ihre Auswirkungen festgelegt wurden.

Diese konkrete Norm, deren Verfassungsmäßigkeit oder auf andere Weise der Gerichtshof zu bestimmen hatte, besagte, dass keines der im fraglichen Gesetz aufgeführten Verbrechen von einem Schwurgericht verhandelt werden könne, was aber vorliegend trotzdem angestrengt wurde.

Die Entscheidung des Verfassungsgerichtshofes enthält eine kurze Geschichte des Schwurgerichtsverfahrens nach portugiesischem Recht, einschließlich der Tatsache, dass es 1927 vollständig abgeschafft und nach der Revolution 1974 wieder eingeführt wurde. Es ist stets auf Fälle schwerwiegender Straftaten beschränkt. Die Verfassung legte in ihrem Art. 207 Abs. 1 jedoch ein offenes Kriterium für die Zuständigkeit von Schwurgerichten

151 Entscheidungen Nr. 461/87 vom 16. Dezember 1987 und Nr. 24/98 vom 22. Januar 1998.

152 Vgl. im Folgenden Diário da República n.º 231/2011, Série II de 2011-12-02, S. 47261-47269; http://www.tribunalconstitucional.pt/tc/acordaos/20110460.html (letzter Abruf am 23. August 2020).

fest – das Urteil über schwere Verbrechen – und hat dem Gesetzgeber daher immer einen weiten Spielraum eingeräumt, um genau zu entscheiden, welche Verbrechen er als schwerwiegend genug erachtet, um die Möglichkeit zu rechtfertigen, vor ein Schwurgericht gebracht zu werden. Nach Ansicht der Verfassungsrichter sollte dieses Kriterium jedoch restriktiv behandelt werden, und insoweit wurde vorliegend keine Verfassungswidrigkeit der monierten Norm erkannt, wohl aber eine Verfassungswidrigkeit der Einberufung eines Schwurgerichts trotz der gesetzlichen Vorgabe. Solcherart gelang es der Kammer, das sensible Feld der Schwurgerichtsbarkeit effektiv zu schützen und andererseits auch den Inhalt des Art. 207 PV nicht zu überspreizen, was jedenfalls nicht immer einen reinen juristischen Mehrwert nach sich ziehen könnte.

36) Entscheidung Nr. 461/2011
(11. Oktober 2011)[153]

Vorliegend ging es um die Verfassungsmäßigkeit von im portugiesischen Wettbewerbsgesetz (Nr. 18/2003 bzgl. Kartellrecht) enthaltenen Normen, insbes. Art. 17 Abs. 1 i.V.m. Art. 18 und 43 Abs. 3, nach welchen beschuldigte Personen unter Androhung einer Geldbuße verpflichtet sind, bestimmte Informationen und Dokumente gegenüber der Wettbewerbsbehörde wahrheitsgemäß und auch jedenfalls vollständig offenzulegen.

Der Verfassungsgerichtshof betonte, unter Einbezug früherer eigener Judikatur,[154] die Bedeutung der Wettbewerbsbehörde für die gesetzliche Regulierung der Wirtschaft (Art. 81 PV) – mit dem Ziel, ein ausgewogenes Funktionieren der Wirtschaft sicherzustellen. Damit die Wettbewerbsbehörde dieses Ziel verfolgen könne, um ein effizientes Funktionieren der Märkte sicherzustellen und den Wettbewerb zu verteidigen, hat der Gesetzgeber die Behörde mit öffentlichen Regulierungs-, Aufsichts- und Sanktionsbefugnissen ausgestattet.

Die im vorliegenden Fall bestehende Normierung war in den Augen der Kammer ausgewogen und verhältnismäßig, angesichts der beschriebenen

---

153 Vgl. im Folgenden Diário da República n.º 243/2011, Série II de 2011-12-21, S. 49522-49531; http://www.tribunalconstitucional.pt/tc/acordaos/20110461.htm l (letzter Abruf am 23. August 2020).

154 Entscheidungen Nr. 695/95 vom 05. Dezember 1995, Nr. 278/99 vom 05. Mai 1999, Nr. 339/2005 vom 22. Juni 2005 und Nr. 659/2006 vom 28. November 2006.

Ziele. Die gesetzlich festgelegten Pflichten zur Zusammenarbeit, um die verfassungsrechtlich geschützten Interessen des Wettbewerbs und das ausgewogene Funktionieren der Märkte wirksam zu schützen, komprimierten gemäß den Verfassungsrichtern eben den maximalen potenziellen Inhalt des Rechts, sich nicht selbst zu belasten (Art. 20 i.V.m. 32 PV).

Die Entscheidung balancierte effektiv zwischen der Notwendigkeit effizienter Marktfunktion einerseits und Prozessrechten betroffener Personen andererseits; durch ihre inhaltliche Klarheit ließ die Kammer jedoch keinen Zweifel daran, dass die Ziele aus Art. 81 PV unter besonderen Umständen der Kartellbehörde besondere Handhabe einräumen können, was überwiegend als schlüssig einzustufen ist (und jedenfalls – rechtsvergleichend gesehen – keinen portugiesischen Sonderweg darstellt, sondern bereits den Gepflogenheiten aus dem Gefüge der Art. 101 ff. AEUV und der VO 1/2003 entspricht).

37) Entscheidung Nr. 353/2012
(5. Juli 2012)[155]

Im Rahmen einer repressiven abstrakten Normenkontrolle bat eine Gruppe von Mitgliedern der Versammlung der Republik den Verfassungsgerichtshof um eine allgemein verbindliche Erklärung der Verfassungswidrigkeit verschiedener Normen (konkret der Art. 21 und 25), die im Staatshaushaltsgesetz Portugals für das Jahr 2012 (Gesetz Nr. 64-B/2011) enthalten waren. Durch diese Normen wurden Maßnahmen *ad infinitum* geschaffen, die eine Aussetzung der Zahlungen für Weihnachten und Feiertage vorsahen, während gleichzeitig Maßnahmen des vorherigen Staatshaushaltsgesetzes zur Lohnentgeltkürzung beibehalten wurden. Das von diesen Maßnahmen erfasste Personenuniversum bestand aus Arbeitnehmern des öffentlichen Sektors und Rentnern (bei letztgenannten auch aus dem privaten Sektor). Die Dauer dieser Normen wurde mit der Dauer des Finanzhilfeprogramms für Portugal verbunden: Dieses umfasste eine Reihe von Rechtsinstrumenten, an denen die portugiesische Regierung, die EU und der Internationale Währungsfonds (IWF) beteiligt waren. Dazu gehörten insbes. ein technisches "Memorandum of Understanding" und ein "Memorandum of Economic and Financial Policies", in denen die Be-

155 Vgl. im Folgenden Diário da República n.º 140/2012, Série I de 2012-07-20, S. 3846 – 3863; http://www.tribunalconstitucional.pt/tc/acordaos/20120353.htm l (letzter Abruf am 23. August 2020).

dingungen für die Bereitstellung finanzieller Unterstützung für Portugal durch den Internationalen Währungsfonds festgelegt wurden.

Der Verfassungsgerichtshof erachtete die betreffenden Normen des Staatshaushaltsgesetzes *ex nunc* für verfassungswidrig, weil sie insbes. gegen den Aspekt des verfassungsrechtlich verankerten Gleichstellungsprinzips (Art. 13 Abs. 1 PV) verstießen, der eine gerechte Verteilung der öffentlichen Kosten erfordere. Der Unterschied zwischen dem Ausmaß der erbrachten Opfer der von dieser Maßnahme betroffenen Personen und der entsprechenden Opfer der übrigen portugiesischen Bürger, der durch diese Maßnahmen entstehen würde, war in den Augen der Verfassungsrichter nicht gerechtfertigt. Etwa Ungleichheiten sollten jedenfalls der Prämisse der Verhältnismäßigkeit unterliegen. Die äußerst ernste wirtschaftliche und finanzielle Situation Portugals und die Notwendigkeit, dass die Maßnahmen, die ergriffen würden, um damit umzugehen, wirksam seien, könnten jedenfalls nicht als Grund dafür dienen, von den Grundrechten und den wichtigsten strukturellen Grundsätzen des Staates auf der Grundlage der PV abzuweichen.[156] Die Verfassung könne sich zwar nicht von der wirtschaftlichen und finanziellen Realität distanzieren, verfüge jedoch über eine spezifische normative Autonomie, die verhindere, dass wirtschaftliche oder finanzielle Ziele unbegrenzten Vorrang vor den ihr immanenten, wichtigen Parametern wie der Gleichheit hätten. Es steht zu konstatieren, dass anderen EU-Staaten (namentlich der Hellenischen Republik) mit seinerzeit ähnlichen Fiskalschwierigkeiten wie Portugal, ein ähnlich couragierter ständiger Verfassungsgerichtshof[157] gut zu Gesicht gestanden hätte.

---

156 Vgl. zum Topos *Alvacir Alfredo Nicz*, A superação das crises de governabilidade para o alcance da concretização dos direitos fundamentais sociais, in: Marcelo Rebelo de Sousa [et al.] (Koord.), Estudos de homenagem ao Prof. Doutor Jorge Miranda, Bd. 1, Coimbra 2012, S. 165-183. Vgl. zum Topos allgemeiner etwa *Alexandre Coutinho Pagliarini / Stefania Becattini Vaccaro*, Procura-se: trabalho e cidadania in: Marcelo Rebelo de Sousa [et al.] (Koord.), Estudos de homenagem ao Prof. Doutor Jorge Miranda, Bd. 1, Coimbra 2012, S. 107-119.

157 Zur Problematik vgl. *Dimitrios Parashu*, Der Ausbau der griechischen Verfassungsgerichtsbarkeit. Eine kritische Betrachtung zu Entwicklung und Entfaltungsmöglichkeiten im Rechtsvergleich, Berlin 2012 *(passim)*.

38) Entscheidung Nr. 360/2012
(5. Juli 2012)[158]

Das Berufungsgericht von Lissabon hatte im vorliegenden Fall beschlossen, eine Auslieferungsgenehmigung zu widerrufen, nachdem der betreffende Bürger bereits wegen eines anderweitigen Verstoßes ausgeliefert worden war. Der Oberste Gerichtshof bestätigte die Entscheidung des Berufungsgerichts und lehnte es ab, eine Berufung zuzulassen, die der ersuchende Staat – Indien – dagegen einlegen wollte.

Der Verfassungsgerichtshof emphatisierte, unter Bezugnahme auf eigene frühere Judikatur,[159] dass die Normen (Art. 47 Abs. 4 i.V.m. Art. 58 Abs. 1 des Gesetzes Nr. 144/99), nach der der ersuchende Staat im Auslieferungsverfahren nicht berechtigt ist, gegen eine gerichtliche Entscheidung, die seine Rechte beeinträchtigt, Berufung einzulegen, aus verfassungsrechtlichen Gründen nicht kritisiert werden könnten. Da die Entscheidung, gegen die keine Berufung eingelegt werden konnte, nicht gegen den ersuchenden Staat ergangen ist, liege die fragliche Norm außerhalb des Schutzbereichs des Rechts auf Zugang zu Gerichten und verstoße auch nicht gegen den Grundsatz des wirksamen Rechtsschutzes (Art. 20 PV). Das Recht einer Person oder Organisation, gegen eine Gerichtsentscheidung Berufung einzulegen, die in Verfahren ergangen ist, an denen sie nicht teilgenommen hat (respektive an denen sie nicht beteiligt war), sei in dieser Situation kein Thema.

Mit der nötigen Portion Fingerspitzengefühl gelang es dem Verfassungsgerichtshof in dieser schwierigen Rechtsfrage, unter konsequenter Anwendung der eigenen Verfassungsbestimmungen (und dies ist letztlich das *nonplusultra* einer verfassungsgerichtlichen Befassung mit Eingaben, die eine solche Kammer erreichen) bilaterale Friktionen auszuräumen und gleichsam auch die eigene Rechtslage bezüglich Auslieferungen zu konsolidieren.

---

158 Vgl. im Folgenden http://www.tribunalconstitucional.pt/tc/acordaos/20120360.html (letzter Abruf am 23. August 2020).

159 Insbes. die Entscheidungen Nr. 539/97 vom 24. September 1997, Nr. 638/98 vom 04. November 1998, Nr. 174/2000 vom 22. März 2000, Nr. 365/00 vom 05. Juli 2000, Nr. 415/2001 vom 03. Oktober 2001, Nr. 530/2001 vom 04. Dezember 2001, Nr. 120/2002 vom 14. März 2002, Nr. 399/2007 vom 11. Juli 2007, Nr. 160/2010 vom 27. April 2010 und Nr. 216/2010 vom 01. Juni 2010.

39) Entscheidung Nr. 387/2012
(5. Juli 2012)[160]

In diesem Fall ging es um eine präventive abstrakte Normenkontrolle, die vom Vertreter der Republik für die autonome Region Madeira beantragt wurde. Hintergrund waren die wesentlichen Auswirkungen des Tourismus-Raumordnungsplans, der vom regionalen Gesetzgeber in Madeira verabschiedet werden sollte (Plano de Ordenamento Turístico da Região Autónoma da Madeira, POT). Die Normen (Art. 1, 2, 8, 9, 11, 14), die infolge der Normenkontrolle ausgesetzt wurden, bezogen sich insbes. auf Grenzen hinsichtlich der geografischen Verteilung der touristischen Unterbringungskapazität sowie die Typologien für touristische Geschäftsbereiche in Agrarforstgebieten und Regeln für einschlägige Ausnahmen.

Allerdings wurde die notwendige Partizipation der Bürger nicht vorgesehen: Die Verfassung garantiert im Zuge der örtlichen Selbstverwaltung (Art. 235 ff. PV) interessierten Parteien das Recht, sich an der Ausarbeitung der Städteplanung und anderer raumplanerischer Projekte zu beteiligen. Die Beteiligung der Bürger ist insbesondere dann vorgesehen, wenn es darum geht, die Ordnung eines Territoriums zu ordnen und zu fördern. Dies stelle in den Augen der Kammer eine konkrete Umsetzung des in der Verfassung (ibid.) proklamierten Prinzips der partizipativen Demokratie im Bereich der Raumplanung dar. Das Recht zur Teilnahme richte sich an die Ausarbeitung (und Überarbeitung) aller städtebaulichen und räumlichen Planungsinstrumente und betreffe jeden Bürger und jede Organisation, die in den entsprechenden Gebieten ihren Wohnsitz oder Sitz habe. Unter Bezugnahme auf einschlägige ältere Judikatur desselben[161] befand der Verfassungsgerichtshof die Normen für verfassungswidrig. Die Entscheidung war ein essentieller Beitrag zur Stärkung der Rechte kommunaler Selbstverwaltung, inklusive der so wichtigen Beteiligung von Einwohnern an örtlichen Projekten.

160 Vgl. im Folgenden Diário da República n.º 155/2012, Série I de 2012-08-10, S. 4345-4362; http://www.tribunalconstitucional.pt/tc/acordaos/20120387.html (letzter Abruf am 23. August 2020).

161 Entscheidungen Nr. 285/92 vom 22. Juli 1992, Nr. 394/2004 vom 02. Juni 2004 und Nr. 436/2004 vom 22. Juni 2004.

40) Entscheidung Nr. 397/2012 (28. August 2012)[162]

Im vorliegenden Fall ging es um eine präventive abstrakte Normenkontrolle hinsichtlich der Verfassungsmäßigkeit von Normen (Art. 1 ff.) in einem Dekret der gesetzgebenden Versammlung der Autonomen Region Madeira, in dem Vorschriften zum Schutz der Bürger und Maßnahmen zur Reduzierung des Angebots an 'legalen Drogen' (Decreto que aprova normas para a proteção dos cidadãos e medidas para a redução da oferta de 'drogas legais') genehmigt wurden. Der Fall wurde vom Vertreter der Portugiesischen Republik für die Autonome Region Madeira vor den Verfassungsgerichtshof gebracht. Zum faktischen Hintergrund sei gesagt, dass in den letzten Jahrzehnten (auch die portugiesische) Gesellschaft die Vermehrung neuer psychoaktiver Substanzen auf dem pharmazeutischen Markt erlebt hatte. Der regionale Gesetzgeber war besorgt über die entsprechende Verbreitung und den freien Verkauf einschlägiger Substanzen, die seiner Ansicht nach die körperliche und geistige Gesundheit der Verbraucher irreversibel schädigen und somit eine Gefahr für die öffentliche Gesundheit darstellen können, und versuchte, die Zugänglichkeit zu solchen Stoffen in seiner Region durch die Verabschiedung des fraglichen Gesetzgebungsakts einzuschränken. Daher untersagte die Gesetzgebung den Verkauf von solchen psychoaktiven Substanzen.

In dem konkreten Fall vor dem Verfassungsgerichtshof musste zunächst festgestellt werden, ob die Normen den geltenden verfassungsrechtlichen Anforderungen entsprachen. Dies betraf vor allem die Definition von "psychoaktiven Substanzen" und "Substanzen mit direkter Wirkung auf das Zentralnervensystem". Die in den Normen enthaltene Verbotsdefinition war so weit gefasst und allgemein gehalten und umfasste ein so breites Spektrum von Stoffen, von denen einige derzeit allgemein verwendet werden, dass die Personen, auf die sich die Gesetzgebung bezog, nicht effektiv wissen konnten, um welche Stoffe es sich tatsächlich handelte. Dies bedeutete, dass diese Menschen nicht autonom beurteilen konnten, was sie konnten und was nicht, weil sie weder über den Spielraum verfügten, den sie für ihre Handlungen hatten, noch darüber, wie der Staat auf ihr Verhalten reagieren würde.

---

162 Vgl. im Folgenden Diário da República n.º 178/2012, Série I de 2012-09-13, S. 5207-5223; http://www.tribunalconstitucional.pt/tc/acordaos/20120397.html (letzter Abruf am 23. August 2020).

Diesen Vorgang erachtete die Kammer als materiell verfassungswidrig, weil er in ihren Augen gegen das rechtsstaatliche Prinzip des demokratischen Staates (Art. 2 PV) verstieß. Auf diese Art und Weise unterstrich die Kammer in effektiver Form, dass der Gesetzgeber, sei es der nationale oder ein regionaler, bei der Rechtsetzung (auch wenn diese den empfindsamen Topos der Volksgesundheit im Auge habe) stets die Vorgaben der Verfassung zu beachten habe.

41) Entscheidung Nr. 404/2012
(18. September 2012)[163]

Im vorliegenden Fall forderte der portugiesische Ombudsman vom Verfassungsgerichtshof eine repressive abstrakte Überprüfung der Verfassungsmäßigkeit von Art. 34 Abs. 1 des Nationalen Verteidigungsgesetzes (Nr. 1-B/2009). Hiernach müssten zum einen alle Formen des Rückgriffes innerhalb der militärischen Hierarchie erschöpft werden, bevor sich das Militärpersonal beim Ombudsman in einer Sache beschweren könne. Zum zweiten wurde die Möglichkeit von Militärangehörigen, Beschwerden beim Ombudsman einzureichen, hierdurch auf Fälle beschränkt, in denen die Streitkräfte Handlungen oder Unterlassungen vornehmen würden, die zu Verstößen gegen die eigenen verfassungsmäßigen Rechte, Freiheiten oder Freiheiten der Kläger führten.

Der Verfassungsgerichtshof erinnerte daran, dass die Verfassung, als sie das Amt des Ombudsman (Art. 23 PV) als Organ einrichtete, bei dem sich die Bürger gegen Handlungen oder Unterlassungen von Behörden beschweren können, eine zusätzliche Garantie zum Schutz der Rechte und Interessen von Privatpersonen geschaffen habe. Das Ausmaß des möglichen Umfangs solcher Beschwerden zeige deutlich, dass der Ombudsman ein Organ sei, dessen Aufgabe es sei, die Verfassung zu gewährleisten, was effektiv nicht nur auf die Verteidigung der Grundrechte beschränkt sei, sondern auch Ungerechtigkeiten aufgrund von Rechtswidrigkeiten verhindern und reparieren solle.

Die Tatsache, dass der Zugang zum Ombudsman durch Art. 34 Abs. 1 des monierten Gesetzes erschwert werde, bedeutete in den Augen der Verfassungsrichter eben nicht, dass das Beschwerderecht im Lichte von

163 Vgl. im Folgenden Diário da República n.º 194/2012, Série I de 2012-10-08, S. 5554-5565; http://www.tribunalconstitucional.pt/tc/acordaos/20120404.html (letzter Abruf am 23. August 2020).

Art. 20 PV unverhältnismäßig geopfert wird, sondern dass vielmehr hierdurch der notwendige Instanzenzug (ibid. PV) gewahrt würde, und der Verfassungsgerichtshof lehnte es daher ab, die Norm diesbezüglich für verfassungswidrig zu erklären. Die Beschränkung der Beschwerdemöglichkeit zum Ombudsman auf Fälle jedoch, in denen eine Verletzung der verfassungsmäßigen Rechte, Freiheiten oder Garantien des klagenden Militärpersonals vorliege, wurde jedoch für verfassungswidrig erklärt, weil dies als Einschränkung, mithin Verstoß gegen die Verfassungsgarantie aus Art. 23 PV gewertet wurde, nach der die Bürger berechtigt wären, sich beim Ombudsman über jedwede Handlungen oder Unterlassungen der Behörden zu beschweren – eine Garantie, deren Natur selbst die eines Grundrechts sei. Solcherart unterstrich die Kammer nicht zuletzt auch den großen Stellenwert des Ombudsman innerhalb des Gefüges des portugiesischen Rechtsstaates.

42) Entscheidung Nr. 187/2013
(5. April 2013)[164]

Im vorliegenden Fall erklärte der Verfassungsgerichtshof auf Antrag des Präsidenten der Republik eine Reihe von im Staatshaushaltsgesetz Portugals für das Jahr 2013 (Gesetz Nr. 66-B/2012) enthaltenen Normen *ex nunc* für verfassungswidrig:

Zunächst erklärte die Kammer die Aussetzung des zusätzlichen Urlaubsmonatslohns oder eines gleichwertigen Gehalts für Mitarbeiter der öffentlichen Verwaltung (gem. Art. 29 des Gesetzes) für verfassungswidrig, da sie einen Verstoß gegen den Gleichheitsgrundsatz (Art. 13 Abs. 1 PV) darstelle, welcher eine gerechte Verteilung der öffentlichen Kosten erfordere. Der Verfassungsgerichtshof schloss zwar nicht aus, dass der Gesetzgeber unter außergewöhnlichen wirtschaftlichen und finanziellen Umständen und zwecks rascher Verringerung des öffentlichen Defizits das Einkommen des Personals der öffentlichen Verwaltung theoretisch senken könnte; wenn jedoch alle anderen Bürger, die Einkommen aus anderen Quellen verdien-

164 Vgl. im Folgenden Diário da República n.º 78/2013, Série I de 2013-04-22, S. 2328-2423; ferner http://www.tribunalconstitucional.pt/tc/acordaos/20130187.html (letzter Abruf am 23. August 2020). Vgl. ebenso *Oskar von Homeyer / Steffen Kommer*, Verfassungsgericht kippt Sparhaushalt. Anmerkung zum Urteil des Tribunal Constitucional de Portugal vom 5. April 2013, in: Kritische Justiz (KJ) 46 (2013), Heft 3, S. 325-335.

ten, nicht mit gleichwertigen Opfern einhergingen, so stellten die hier monierten Maßnahmen eine unterschiedliche Behandlung dar, für welche das Ziel der Verringerung des öffentlichen Defizits keine ausreichenden Gründe biete. Dies stellt stattdessen einen Verstoß gegen den Grundsatz der Gleichheit dar, der auf der Idee beruhe, dass eine Ungleichheit, die sich aus einem Unterschied zwischen Situationen ergebe, unter dem Gesichtspunkt beurteilt werden müsse, ob sie proportional sei oder nicht, und jedenfalls nicht zu weit gehen dürfe.

Als zweites war der Verfassungsgerichtshof der Auffassung, dass die Aussetzung des Urlaubsmonats für Renten (für Rentner des öffentlichen und privaten Sektors), gem. Art. 77 des Gesetzes, aus demselben Grunde wie im Zusammenhang mit den entsprechenden Gehältern der Beschäftigten der öffentlichen Verwaltung ebenfalls für verfassungswidrig erklärt werden sollte.

Das Recht auf eine private oder öffentliche Rente stehe auf dem gleichen Niveau wie das Recht auf ein Gehalt: Wenn es einen Unterschied geben sollte, so hätten in den Augen der Kammer Rentner eine Rechtsposition, die einen zusätzlichen Schutz im Sinne des Grundsatzes des Vertrauensschutzes gegenüber dem Staat (aus Art. 2 PV hervorgehend) gewährleiste. In dem Moment, in welchem das Berufsleben einer Person ende und sie berechtigt sei, die entsprechende Rentenleistung zu erhalten, verfüge der Rentner nicht mehr über Mechanismen, die es ihm ermöglichten, sich selbst zu schützen und sein eigenes Verhalten an etwa neue allgemeine Lebensumstände anzupassen. Dies führe zu einer Situation, in der das Vertrauen in die Stabilität der Rechtsordnung und die Einhaltung der Regeln, die zur Festlegung des Inhalts des Rentenanspruchs dienten, gestärkt werden müsse.

Der Verfassungsgerichtshof erklärte schließlich auch die Norm (Art. 78 des Gesetzes), wonach ein zusätzlicher Beitrag zum Arbeitslosen- und Krankengeld vorgesehen sei, für verfassungswidrig und allgemein bindend, da er gegen den Grundsatz der Verhältnismäßigkeit verstoße. Die Verfassung besage (in ihrem Art. 63), dass Arbeitnehmer ein Recht auf materielle Unterstützung haben, wenn sie sich unfreiwillig in einer Arbeitslosigkeit befinden, und dass der Gesetzgeber in beiden Fällen im Rahmen eines Sozialversicherungssystems Formen materieller Unterstützung für kranke Arbeitnehmer vorsehe: Dieses Ziel müsse daher durch die gesetzlichen Regelungen erreicht werden, die den sozialen Schutz bei Arbeitslosigkeit und Krankheit[165] gewährleisten.

43) Entscheidung Nr. 230/2013 (24. April 2013)[166]

Der Präsident der Republik forderte vorliegend den Verfassungsgerichtshof auf, eine präventive abstrakte Normenkontrolle hinsichtlich der Verfassungsmäßigkeit einer Norm (Art. 8 Abs. 1) durchzuführen, die im avisierten Dekret Nr. 128/XII enthalten war und ein Sportschiedsgericht (Tribunal Arbitral do Desporto, TAD) schaffen sollte. Die Norm verlangte im Ergebnis von interessierten Parteien, im Falle der Unterwerfung unter ein Schiedsverfahren keinerlei Zugang zu den staatlichen Gerichten zu suchen, um ihre gesetzlich geschützten Interessen zu verteidigen. Die Norm hätte somit bedeutet, dass es unmöglich sei, gegen Entscheidungen, die im Rahmen eines obligatorischen TAD-Schiedsverfahrens getroffen würden, Berufung einzulegen.

Die angegriffene Norm gab dem TAD sowohl obligatorische als auch freiwillige Schiedsgerichtsbarkeiten. Erstere umfassten Streitigkeiten, die sich aus Handlungen und Unterlassungen von Sport- und einschlägigen Berufsverbänden ergeben würden, sowie Berufungen gegen Entscheidungen von Disziplinarorganen von Sportverbänden oder gegen Entscheidungen der portugiesischen Anti-Doping-Behörde in Bezug auf Verstöße gegen Anti-Dopingbestimmungen.

Die Kammer unterstrich, dass es nicht akzeptabel sei, dass der Staat Befugnisse an eine private Einrichtung delegiere und damit eine Art organische Privatisierung der öffentlichen Verwaltung in ihrer Rolle als Ausführender einer bestimmten öffentlichen Aufgabe durchführe sowie gleichzeitig auf jegliche gerichtliche Kontrolle durch staatliche Gerichte verzichte. So verstoße man insbes. auf das Recht auf Zugang zu den Gerichten (Art. 20 PV). Daher befand der Verfassungsgerichtshof konsequenterweise die ihm vorgelegte Norm für verfassungswidrig.

---

165 Vgl. zum Topos *Nicz*, a.a.O. (Fn. 156), S. 165-183; allgemeiner etwa *Pagliarini / Vaccaro*, a.a.O. (Fn. 156), S. 107-119.

166 Vgl. im Folgenden Diário da República n.º 89/2013, Série I de 2013-05-09, S. 2782-2797; http://www.tribunalconstitucional.pt/tc/acordaos/20130230.html (letzter Abruf am 23. August 2020).

44) Entscheidung Nr. 327/2013 (12. Juni 2013)[167]

Der Antragsteller hatte im vorliegenden Fall geltend gemacht, dass verschiedene Normen und normative Auslegungen des portugiesischen Statuts für Richter (Estatuto dos Magistrados Judiciais, EMJ, Gesetz Nr. 21/1985, konkret dessen Art. 111) und des Disziplinargesetzes für Arbeitnehmer, die öffentliche Funktionen ausüben (Estatuto Disciplinar dos Trabalhadores que Exercem Funções Públicas, EDTFP, Gesetz Nr. 58/2008, konkret dessen Art. 46) verfassungswidrig seien.

Diese Normen besagten, dass die Zuständigkeit für die Anhörung von Rechtsbehelfen gegen Entscheidungen des Obersten Justizrates (insbesondere in Disziplinarangelegenheiten) beim Obersten Gerichtshof liege, welcher in einer Kammerzusammensetzung aus dem am längsten amtierenden Vizepräsidenten sowie einem Richter aus jeder der ordentlichen Kammern des Obersten Gerichtshofes tage. Der Antragsteller, selbst Richter, machte geltend, dass eine solche Zuständigkeit praktisch keine Möglichkeit einer wirksamen Überprüfung biete, und dass das Recht, durch eine unparteiische Kammer geprüft zu werden (Art. 20 PV) hierdurch nicht gewährleistet sei.

Der Verfassungsgerichtshof entschied jedoch dass die Zuweisung der Zuständigkeit für die Anhörung von Rechtsbehelfen gegen Entscheidungen des Obersten Justizrates an eine Kammer des Obersten Gerichtshofs, insbesondere in Disziplinarangelegenheiten, eben nicht gegen die verfassungsrechtliche Garantie der Unabhängigkeit des Gerichte verstoße und daher nicht verfassungswidrig sei. Insbes. aus Gründen der besseren justiziellen Koordinierung und Transparenz lehnte der Verfassungsgerichtshof es mithin unter Bezug auf vorangehende eigene Judikatur[168] schlüssig ab, die monierten Normen für verfassungswidrig zu erklären, und beschied mithin die Eingabe abschlägig. Eine abweichende Richtermeinung wurde verzeichnet.

---

167 Vgl. im Folgenden http://www.tribunalconstitucional.pt/tc/acordaos/20130327.html (letzter Abruf am 23. August 2020).

168 Entscheidungen Nr. 33/2002 vom 22. Januar 2002 und Nr. 277/2011 vom 06. Juni 2011.

45) Entscheidung Nr. 418/2013 (15. Juli 2013)[169]

Diese Entscheidung fußte auf einer Eingabe (konkreter Normenkontrolle) seitens der Staatsanwaltschaft gegen eine Entscheidung, in der das zuständige Gericht aus Esposende die Anwendung einer in den Vorschriften über die Kontrolle des Fahrens unter dem Einfluss von Alkohol oder psychotropen Substanzen (Regulamento de Fiscalização da Condução sob Influência do Álcool ou de Substâncias Psicotrópicas, RFCIASP; Gesetz Nr. 18/2007) enthaltenen Norm (konkreter Art. 4 Abs. 1) *a quo* ablehnte, da es diese Norm für verfassungswidrig hielt. Die fragliche Norm besagte, dass, wenn eine Person, die zum Nachweis von Alkohol in ihrem Blut untersucht werden soll, sich nicht in einer körperlichen Verfassung befindet, die es ihr ermöglichen würde, in einen Alkoholtester zu blasen, der letztere Test durch eine Blutuntersuchung ersetzt werden muss, auch wenn das Subjekt nicht in der Lage ist, eine Einwilligung zu erteilen. Es ging konkreter um die Beweiserhebung gegen eine Person, die des Fahrens eines Fahrzeugs in einem Zustand der Trunkenheit beschuldigt wurde. Das Gericht Esposende war *a quo* der Ansicht, dass die vorgenommene Prüfung im Lichte der PV als Beweismittel nichtig sei, da die Blutprobe entnommen wurde, als der Angeklagte bewusstlos war und nicht zustimmen oder ablehnen konnte.

Der Verfassungsgerichtshof hielt im Ergebnis an seiner früheren Rechtsprechung[170] fest und vertrat die Auffassung, dass die Entnahme einer Blutprobe zur Bestimmung des Blutalkoholspiegels eines Fahrers, der keine Einwilligung erteilen oder verweigern kann, keine Verletzung des Rechts bedeute, sich nicht selbst zu belasten. Die Kammer erklärte insoweit, dass der Grundsatz *nemo tenetur se ipsu accumare* zu berücksichtigen sei, unabhängig davon, dass er in der PV nicht ausdrücklich festgelegt sei. Dieser Grundsatz sei mit dem Recht auf Schweigen verbunden, das sich auf beschuldigte Personen beziehe, die sich dafür entscheiden können, keine selbstbeschuldigenden Aussagen zu machen, und sie vor der unangemessenen Ausübung von Zwang schütze, um sie zur Zusammenarbeit zu zwingen.

---

169 Vgl. im Folgenden Diário da República n.º 201/2013, Série II de 2013-10-17, S. 31186-31190; http://www.tribunalconstitucional.pt/tc/acordaos/20130418.htm l (letzter Abruf am 23. August 2020).

170 Entscheidungen Nr. 128/92 vom 01. April 1992; Nr. 319/95 vom 20. Juni 1995; Nr. 155/07 vom 02. März 2007 und Nr. 95/11 vom 16. Februar 2011.

Die Kammer unterstrich dies auch unter Verweis auf ein Judikat des EGMR[171], welcher entschieden hatte, dass das Recht auf Nicht-Selbstbeschuldigung nicht die Verwendung von Beweismitteln in Strafverfahren abdecke, die von einem Angeklagten erlangt werden können und unabhängig von seinem Willen bestünden.

Auch wenn das Recht, sich nicht selbst zu belasten, in der Verfassung nicht ausdrücklich anerkannt sei, besitze es in den Augen des Verfassungsgerichtshofes verfassungsmäßige Autorität, da es eine Folge des Schutzes grundlegender Werte oder Rechte wie der Menschenwürde[172] (Art. 13 Abs. 1 i.V.m. Art. 24 Abs. 1 PV) und der Unschuldsvermutung (Art. 32 Abs. 2 PV) sei. Die Entnahme einer Blutprobe von einem Fahrer, der nicht zustimmen könne oder wolle, um seinen Blutalkoholspiegel zu bestimmen, bedeute keine Verletzung des Rechts auf Nicht-Selbstbeschuldigung. Es sei lediglich eine Grundlage für eine Expertenprüfung, deren Ergebnis nicht im Voraus bekannt sei, und es enthalte keine Erklärung oder aktives Verhalten des Prüflings, die darauf hindeuten würden, dass er Tatsachen anerkenne, die ihn haftbar machen würden. Die Argumentation der Kammer erscheint schlüssig, mit Ausnahme des eher befremdlich anmutenden Hinweises, dass die Stichprobe auch keine Verletzung des Rechts auf körperliche und moralische Unversehrtheit (Art. 25 Abs. 1 PV) darstelle, weil sie zum einen diese Rechte kaum beeinträchtige; schlüssiger erscheint dann wieder der Hinweis, dass die Stichprobe auch deswegen keine Verletzung des Rechts auf körperliche und moralische Unversehrtheit darstelle, weil der Gesetzgeber die Notwendigkeit berücksichtigen müsse, die Wahrung der Rechte anderer interessierter Parteien zu respektieren. Im Ergebnis erscheint die Monierung der seitens des Gerichts aus Esposende angenommenen Verfassungswidrigkeit der bezeichneten Norm als konsequent, weil anderweitig vergleichbare Fälle, die auch die Sicherheit auf portugiesischen Straßen, wohl schwerlich überprüfbar wären.

---

171 Saunders gegen das Vereinigte Königreich, Entscheidung vom 17. Dezember 1996 (19187/91).

172 Vgl. zum Topos *Maria Lúcia Amaral*, O princípio da dignidade da pessoa humana na jurisprudência constitucional, in: Jurisprudência Constitucional 2007, No. 13, S. 4-16; *José Manuel M. Cardoso da Costa*, O princípio da Dignidade da Pessoa Humana na Constituição e na Jurisprudência Constitucional Portuguesas, in: Sergio Resende de Barros / Fernando Aurelio Zilvetti (Hg.), Direito Constitucional – Estudos em homenagem a Manoel Gonçalves Ferreira Filho, 1999 (ohne Ortsangabe), S. 191-199.

46) Entscheidung Nr. 759/2013
(30. Oktober 2013)[173]

Der Verfassungsgerichtshof erklärte im vorliegenden konkreten Normenkontrollfall eine portugiesische steuerrechtliche Norm allgemeinverbindlich für verfassungswidrig. Die fragliche Norm schloss die Vorlage von Beweismitteln in der konkreten Form von Zeugenaussagen absolut aus. Die Norm war in diesem Fall Art. 146 Abs. 3 des Kodizes für Steuerverfahren und -prozesse (Código de Procedimento e Processo Tributário, CPPT; Gesetz Nr. 433/99). Die monierte CPPT-Norm besagte konkreter, dass Steuerzahler bei Einsprüchen gegen indirekte Veranlagungen des steuerpflichtigen Einkommens nur Belege vorlegen könnten. Dies bedeutete, dass die Beweislast dafür, dass eine Einkommensteuererklärung korrekt sei zwar legitimerweise auf den Steuerzahler fiel, er oder sie jedoch effektiv daran gehindert wurde, im gegebenen Falle zeugenbasierte Beweise zum Nachweis vorzulegen.

Der Verfassungsgerichtshof entschied, seine bestehende Rechtsprechung[174] diesbezüglich zu bekräftigen: Eine Norm, die ein absolutes Verbot dieser Art vorsehe und damit abstrakt Beweise ausschließe, die sich in konkreten Fällen als angemessen oder sogar notwendig für die Klärung von Tatsachen erweisen könnten, enthielte eine übermäßige Einschränkung und führe zu einer Verletzung des Rechts auf Zugang zu den Gerichten (Art. 20 PV).

Dadurch konsolidierte die Kammer ihren Standpunkt, dass es eben verfassungsrechtliche Normen gebe, welche den Gesetzgeber daran hinderten, Einschränkungen bezüglich des Rechts auf Zugang zu Gerichten und auf wirksamen gerichtlichen Schutz zu schaffen.

Auf diese Art und Weise gelang es der Kammer, im traditionell schwierigen Fiskalsystem der Portugiesischen Republik ein Stück weit für Transparenz zu sorgen, sowie notwendige rechtsstaatliche Garantien zu unterstreichen, welche das Vertrauen des Bürgers in die Verwaltung zu stärken imstande waren.

---

173 Vgl. im Folgenden Diário da República n.º 223/2013, Série I de 2013-11-18, S. 6477-6481; http://www.tribunalconstitucional.pt/tc/acordaos/20130759.html (letzter Abruf am 23. August 2020).

174 Entscheidungen Nr. 86/88 vom 13. April 1988; Nr. 187/2001 vom 02. Mai 2001; Nr. 489/2002 vom 26. November 2002; Nr. 646/2006 vom 28. November 2006; Nr. 681/2006 vom 12. Dezember 2006; Nr. 24/2008 vom 22. Januar 2008 und Nr. 22/2013 vom 10. Januar 2013.

47) Entscheidung Nr. 45/2014
(9. Januar 2014)[175]

Dieser konkrete Normenkontrollfall wurde von der Staatsanwaltschaft dem Verfassungsgerichtshof vorgelegt, da sich das Gericht *a quo* (das Arbeitsgericht Leiria) geweigert hatte, eine im Gesetz Nr. 27/2010 enthaltene Norm (Art. 25) anzuwenden, welche eine europäische Richtlinie (2006/22)[176] umsetzte und das Regime für die Verhängung von Sanktionen bei Verstößen betreffend der Arbeit von Besatzungen von Fahrzeugen beinhaltete, die im internationalen Straßenverkehr tätig sind; Das Gericht Leiria begründete dies mit seiner Ansicht, dass die Norm verfassungswidrig sei. Zu den durch dieses Gesetz verhängten Sanktionen zählten Verstöße gegen die Normen für Fahrzeiten, Pausen und Ruhezeiten sowie für die Kontrolle der Verwendung von Fahrtenschreibern im Straßenverkehr. Ziel der internationalen Vorschriften zu diesem Thema war es, die Bedingungen, unter denen Straßenverkehrsunternehmen miteinander konkurrieren, zu harmonisieren (sie müssen alle die mit den Arbeitsbedingungen und der Verkehrssicherheit verbundenen Kosten in ihre Geschäftskosten einbeziehen) und sowohl die Arbeitsbedingungen als auch die Verkehrssicherheit zu verbessern.[177]

Dieses Thema war in Portugal bereits durch ein Exekutivgesetz (Nr. 272) von 1989 geregelt worden, welches jedoch keine Bezugnahme dahingehend enthielt, das die Verantwortung für Verstöße im Zusammenhang mit Arbeits- und Ruhezeiten ausdrücklich dem Arbeitgeber oder dem Arbeitnehmer zugeschrieben würden.

Vor diesem – für die meisten EU-Mitgliedstaaten vergleichbaren – Hintergrund schuf der europäische Gesetzgeber zusätzlich die Verordnung (EG) Nr. 561/2006,[178] wonach (Art. 10) Verkehrsunternehmen für Verstö-

175 Vgl. im Folgenden http://www.tribunalconstitucional.pt/tc/acordaos/20140045.html (letzter Abruf am 23. August 2020).

176 Richtlinie 2006/22/EG des Europäischen Parlaments und des Rates vom 15. März 2006 über Mindestbedingungen für die Durchführung der Verordnungen (EWG) Nr. 3820/85 und (EWG) Nr. 3821/85 des Rates über Sozialvorschriften für Tätigkeiten im Kraftverkehr (...), ABl. L 102 vom 11. April 2006, S. 35 (in der 2017 konsolidierten Version).

177 Vgl. ErwG 2-4 der RL 2006/22.

178 Verordnung (EG) Nr. 561/2006 des Europäischen Parlaments und des Rates vom 15. März 2006 zur Harmonisierung bestimmter Sozialvorschriften im Straßenverkehr (...), ABl. L 102 vom 11. April 2006, S. 1.

ße ihrer Fahrer verantwortlich sind, auch wenn die Verstöße im Hoheitsgebiet eines anderen Mitgliedstaats oder eines Drittlandes stattfinden.

Der Verfassungsgerichtshof stellte im vorliegenden Fall keine Verfassungswidrigkeit in der monierten Norm fest, wonach die Unternehmen generell für Verstöße von Fahrern in ihrem Dienst, auch außerhalb des portugiesischen Hoheitsgebiets, verantwortlich gemacht werden können. Die Norm schaffe eine widerlegbare Vermutung (*praesumptio iuris tantum*), dass die Verantwortung für einen Verstoß gegen eine Pflicht zum rechtmäßigen Verhalten dem Arbeitgeber eines Straßenverkehrsfahrers zugeschrieben werden könne, und diese Verantwortung ausgeschlossen sei, wenn das Unternehmen sich exkulpieren könne. Solcherart schuf die Kammer die notwendige praktische Rechtsklarheit im haftungsrechtlichen Kontext des portugiesischen Transportwesens.

48) Entscheidung Nr. 315/2014 (01. April 2014)[179]

In diesem Fall ging es um eine repressive abstrakte Verfassungsmäßigkeitskontrolle einerseits der Normen, die in einem regionalen Gesetzesdekret der Azoren[180] (Nr. 21/2012/A) zur Festlegung des rechtlichen Rahmens für die Entdeckung und Nutzung von in der Erdkruste vorhandenen natürlichen Gütern (allgemein als geologische Ressourcen bezeichnet) enthalten sind; und andererseits von Art. 52 des nationalen Exekutivgesetzes (Nr. 90/1990), welches den allgemeinen Rechtsrahmen für die Entdeckung und Ausbeutung geologischer Ressourcen im gesamten Land normiert. Der Überprüfungsantrag wurde vom Vertreter des Zentralstaates in der Region der Azoren beim Verfassungsgerichtsgerichtshof eingereicht.

Als Ausgangspunkt emphatisierte die Kammer, dass die PV legt nicht direkt festlege, ob das Eigentum an den öffentlichen Domänen des Staates alle natürlichen Vermögenswerte umfasse, die dem durch das nationale Exekutivgesetz geregelten Rechtssystem unterliegen, welches das allgemeine Regime für die Entdeckung und Nutzung geologischer Ressourcen vorsehe. Die Verfassung überlasse es vielmehr dem einfachen Gesetzgeber,

179 Vgl. im Folgenden Diário da República n.º 93/2014, Série I de 2014-05-15, S. 2841-2860; http://www.tribunalconstitucional.pt/tc/acordaos/20140315.html (letzter Abruf am 23. August 2020).

180 Zu Fragen kommunaler Selbstverwaltung im azorischen Kontext sehr plastisch *Barreto*, a.a.O. (Fn. 55), S. 267 ff.

Vermögenswerte zu definieren, die Teil des öffentlichen Bereichs jeder öffentlichen territorialen Einheit seien: Des Staates, der autonomen Regionen und der lokalen Behörden. Mineralressourcen etwa, um die es hier (auch aufgrund wirtschaftlicher Interessen) wesentlich ging, seien in den Augen des Verfassungsgerichtshofes Teil solcher Domänen, aber das Eigentum an ihnen müsse nicht immer zwingend dem Zentralstaat gehören.

In Bezug auf das Eigentum an marinen Mineralressourcen schließe das nationale Exekutivgesetz jedoch Vermögenswerte im Zusammenhang mit dem maritimen öffentlichen Bereich ausdrücklich vom regionalen öffentlichen Bereich aus. Das betreffende nationale Exekutivgesetz umfasse Mineralvorkommen, Hydromineralressourcen und geothermische Ressourcen, die öffentlich zugänglich seien; dies bedeute, dass natürliche Meeresressourcen, ganz gleich ob fest, flüssig oder gasförmig, auf oder unter dem Meeresboden der Hoheitsgewässer und des mit dem Azoren-Archipel angrenzenden Festlandsockels geologische Ressourcen seien, welche in den öffentlichen Bereich des Zentralstaates und nicht in den regionalen öffentlichen Bereich einzubeziehen seien. Daher war die Feststellung der Kammer schlüssig, dass die Rechte wirtschaftlicher Nutzung dieser Ressourcen dem Zentralstaat und nicht der Region der Azoren zustünden. Diese Ressourcen befänden sich namentlich auf und unter dem Meeresboden der portugiesischen Hoheitsgewässer und des Festlandsockels, über die der portugiesische Staat Rechte ausübe, die Teil seiner Hoheitsgewalt über sein Hoheitsgebiet seien. Insoweit wurde, unter konsolidierender Bezugnahme auf frühere Judikatur der Kammer,[181] eine Prävalenz des Exekutivgesetzes über jedwedes regionale Gesetzesdekret festgestellt. Es ist bemerkenswert, dass eine solche Problematik, welche nur allzu häufig völkerrechtliche Streitmaterialien zwischen Staaten darstellen, auf klare und die interne Rechtssicherheit Portugals wahrende Weise vom Verfassungsgerichtshof aufgelöst worden ist.

---

181 Entscheidungen Nr. 280/90 vom 23. Oktober 1990; Nr. 330/99 vom 02. Juni 1999; Nr. 131/2003 vom 11. März 2003; Nr. 258/2007 vom 17. April 2007; Nr. 402/2008 vom 29. Juli 2008 und Nr. 304/2011 vom 21. Juni 2011.

49) Entscheidung Nr. 413/2014 (30. Mai 2014)[182]

Der vorliegende Fall betraf eine repressive abstrakte Überprüfung bestimmter Normen des Staatshaushaltsgesetzes Portugals für das Jahr 2014 (Gesetz Nr. 83-C/2013). Es wurden drei Anträge, einer vom Ombudsman und zwei von Gruppen von Mitgliedern der Versammlung der Republik, in einem einzigen Fall zusammengefasst. Im Ergebnis erklärte der Verfassungsgerichtshof eine Reihe der im Staatshaushaltsgesetz 2014 enthaltenen Normen *ex nunc* für verfassungswidrig:

Als erstes eine Norm (konkret Art. 33 des Staatshaushaltsgesetzes), die die Bezahlung von Arbeitnehmern des öffentlichen Sektors senkte. In Übereinstimmung mit seiner früheren Rechtsprechung[183] stellte der Verfassungsgerichtshof fest, dass das Ausmaß der Belastung, die sich aus der Höhe der neuen Kürzungen ergab, besonders deutlich bei Mitarbeitern des öffentlichen Sektors mit einem monatlichen Grundgehalt zwischen 675 und 1.500 Euro auswirke. Mithin entschied die Kammer, dass diese Norm gegen den verfassungsmäßigen Grundsatz der Gleichheit (Art. 13 Abs. 1 PV) verstoße.

Als zweites eine Norm (konkret Art. 75 des Staatshaushaltsgesetzes), nach welcher die Beiträge für das Kranken- und Arbeitslosengeld effektiv um 5% und 6% erhöht wurden. Der Verfassungsgerichtshof stellte hier fest, dass diese Norm insbes. gegen den Grundsatz der Verhältnismäßigkeit verstoße. Die fraglichen Leistungen hätten die Aufgabe, den Lohn zu ersetzen, welcher Arbeitnehmern verlustig gehe, wenn sie arbeitslos oder krank seien. Die Haushaltsziele dieser Normen rechtfertigten es nicht, die Empfänger geringerer Leistungen effektiv zu strafen; vergleichbare Leistungen sollten in den Augen der Verfassungsrichter nur in extremen Fällen gekürzt werden.

Drittens und letztens Normen (konkret Art. 115 und 117 des Staatshaushaltsgesetzes), welche neue Methoden zur Berechnung und Reduzierung der Hinterbliebenenrenten in Fällen festlegten, in denen diese mit Einkünften aus anderen Renten kumuliert würden. Angesichts der Tatsache, dass der Gesetzgeber erklärte, der Grund für die Maßnahme sei die

182 Vgl. im Folgenden Diário da República n.º 121/2014, Série I de 2014-06-26, S. 3420-3512; http://www.tribunalconstitucional.pt/tc/acordaos/20140413.html (letzter Abruf am 23. August 2020).

183 Etwa die Entscheidungen Nr. 128/2009 vom 12. März 2009 und Nr. 396/2011 vom 21. September 2011.

Beschränkung der Kumulation mehrerer Renten gewesen, konnte der Gerichtshof keine wesentlichen Gründe für eine solche Ungleichbehandlung erkennen, sondern vielmehr einen Verstoß insbes. gegen den Gleichheitsgrundsatz.

50) Entscheidung Nr. 578/2014
(28. August 2014)[184]

Eine Norm (Art. 9 Abs. 1), die in einem Dekret (zur Anpassung der Autonomen Region Madeira an das Gesetzesdekret Nr. 139/2012) enthalten war, welche dem Vertreter der Portugiesischen Republik für die Autonome Region Madeira zur Unterzeichnung vorgelegt wurde, besagte, dass Schüler und Studenten eine ausdrückliche Erklärung mindestens eines Elternteils oder Erziehungsberechtigten zu diesem Zweck benötigten, falls sie nicht an "Aktivitäten zur moralischen und religiösen Erziehung" teilzunehmen wünschten. Dies bezog sich insbes. auf katholischen Moral- und Religionsunterricht. Der Vertreter der Republik bat den Verfassungsgerichtshof insoweit um eine präventive abstrakte Normenkontrolle.

Im vorliegenden Fall vertrat der Verfassungsgerichtshof, unter konsolidierender Bezugnahme auf seine bisherige Judikatur,[185] die Auffassung, dass eine Verpflichtung, Aktivitäten im Zusammenhang mit moralischer und religiöser Erziehung ausdrücklich abzulehnen, bedeuten würde, die Bürger zu verpflichten, offen einen Wunsch zu äußern, den sie möglicherweise lieber geheim halten und strikt im Bereich ihrer Privatsphäre halten möchten. Jede Freiheit, etwas nicht zu tun – hier der negative Aspekt der Religionsfreiheit[186] – werde durch die Auferlegung einer solchen Verpflichtung als Voraussetzung für die Möglichkeit, diese Freiheit genießen zu können, verletzt. Die Kammer erklärte ferner, dass das Inkrafttreten der Verfassung von 1976 eine Richtungsänderung in den Beziehungen

184 Vgl. im Folgenden Diário da República n.º 177/2014, Série I de 2014-09-15, S. 4958-4964; http://www.tribunalconstitucional.pt/tc/acordaos/20140578.html (letzter Abruf am 23. August 2020).

185 Entscheidungen Nr. 423/87 vom 27. Oktober 1987; Nr. 174/93 vom 17. Februar 1993;
Nr. 246/2005 vom 10. Mai 2005, Nr. 258/2007 vom 17. April 2007; Nr. 423/2008 vom 04. August 2008; Nr. 613/2011 vom 13. Dezember 2011; Nr. 374/2013 vom 28. Juni 2013; Nr. 793/2013 vom 21. November 2013 und Nr. 55/2014 vom 20. Januar 2014.

186 Art. 41 PV.

zwischen dem Staat und den verschiedenen Kirchen darstelle; insoweit verstoße die hier geprüfte Norm gegen das Verfassungsprinzip der nicht auf Glauben basierenden oder religiösen Natur der öffentlichen Bildung[187].

Die Verfassungsrichter stellten ferner fest, dass die Grundlagen des Bildungssystems in die ausschließliche Gesetzgebungskompetenz der Versammlung der Republik fielen; daher war die hier geprüfte Norm sowohl formell als auch materiell verfassungswidrig. Solcherart wurde sowohl die Religionsfreiheit nochmals nachhaltig gestärkt als auch das innerstaatliche Gefüge der Gesetzgebung aus Art. 161 ff. PV konsolidiert.

51) Entscheidung Nr. 16/2015 (14. Januar 2015)[188]

In diesem konkreten Normenkontrollfall ging es um die Frage, ob Art. 17 der allgemeinen Gerichtsverordnung über Verfahrenskosten (i.d.F. des Gesetzesdekretes Nr. 34/2008), welcher eine maximale, unflexible Obergrenze für die an prozessuale Sachverständige zu zahlende Vergütung festlegt, verfassungskonform sei.

Das Zivilgericht *a quo* in Lissabon vertrat die Auffassung, dass die obligatorische Zusammenarbeit eines Sachverständigen mit den Gerichten eine verfassungsrechtlich legitime Komprimierung der Arbeitsfreiheit darstelle, jedoch nur dann, wenn die Komprimierung sowohl angemessen als auch angemessen vergütet sei.

Der Verfassungsgerichtshof wies dieses Argument zurück, da die im Rahmen eines Gerichtsverfahrens geleistete Sachverständigenarbeit kein untergeordnetes Arbeitsverhältnis begründe oder konfiguriere. Ein solcher Experte leiste jedenfalls einen öffentlichen Dienst; diese Experten übten in den Augen der Kammer ihre berufliche Tätigkeit weiterhin aus, aber wenn sie aufgefordert würden, ihre Dienstleistungen vor Gericht zu erbringen, sei ihre Vergütung in spezifischen Rechtsvorschriften wie der vorliegend monierten festgelegt.

Der Verfassungsgerichtshof befand, dass eine gewisse Zurückhaltung des Gesetzgebers erforderlich sei, wenn die Standards für die Höhe der Honorare von Sachverständigen festgelegt würden. Es sei nur allzu verständ-

---

187 Art. 43 Abs. 2 PV.

188 Diário da República n.º 132/2015, Série II de 2015-07-09, S. 18412-18418; http://www.tribunalconstitucional.pt/tc/acordaos/20150016.html (letzter Abruf am 23. August 2020).

lich, dass die Entscheidung, die Preise für Dienstleistungen an Gerichte festzusetzen, nicht den Marktregeln unterliege, da nur so sichergestellt werden könne, die rechtsstaatlichen Garantien des Zuganges zur Justiz (Art. 20 PV) nicht zu gefährden. Trotzdem stellte die Kammer fest, dass die von der monierten Norm vorgesehene Höchstgrenze das Recht auf gerechte Vergütung von Sachverständigen übermäßig einschränke und daher verfassungswidrig sei. Auf diese Art und Weise schuf die Kammer, unter Einbezug bisheriger einschlägiger Judikatur,[189] einen bemerkenswerten Spagat zwischen fiskalischen Vorgaben, dem Rechtsstaat und einer gerechten Vergütung für prozessuale Sachverständige.

52) Entscheidung Nr. 123/2015
(12. Februar 2015)[190]

Der Verfassungsgerichtshof wurde vorliegend insbes. gebeten, die Verfassungswidrigkeit von Art. 2 und 3 des Gesetzes Nr. 62/2011 in Bezug auf gewerbliche Schutzrechte zu überprüfen -bezüglich des Umstandes, dass bei Beantragung einer einstweiligen Verfügung durch den Inhaber eines solchen Rechts die einzige ihm sofort zur Verfügung stehende Streitbeilegungsoption das obligatorische Schiedsformat sei und dass ein direkter Zugang zu einem Gericht nicht möglich sei. Der Hintergrund dieses konkreten Normkontrollfalles war es, dass zwei Pharmaunternehmen Berufung gegen eine Entscheidung eines Lissaboner Gerichtes einlegten. Diese Entscheidung wurde in einem Unterlassungsverfahren getroffen, welche allgemein vorläufiger Natur sind und lediglich als Instrument in Bezug auf die Hauptklage dienen: Einschlägige Verfügungen sollen ein Recht schützen, das dann im Hauptverfahren festgelegt wird, und sie sind von letzterem abhängig.

Der Gerichtshof stellte bezüglich der monierten Norm keine Verfassungswidrigkeit fest: Die Verfassung besage nicht, dass Streitigkeiten nur von der staatlichen Justiz beigelegt werden könnten. Sie erlaube ausdrück-

---

189 Entscheidungen Nr. 352/91 vom 14. Juli 1991; Nr. 467/91 vom 18. Dezember 1991; Nr. 1182/96 vom 20. November 1996; Nr. 380/2006 vom 27. Juni 2006; Nr. 421/2007 vom 16. Oktober 2007; Nr. 444/2008 vom 23. September 2008; Nr. 301/2009 vom 22. Juni 2009; Nr. 525/11 vom 9. November 2011 und Nr. 656/2014 vom 14. Oktober 2014.

190 Vgl. im Folgenden Diário da República n.º 130/2015, Série II de 2015-07-07, S. 18143-18166; http://www.tribunalconstitucional.pt/tc/acordaos/20150123.htm l (letzter Abruf am 23. August 2020).

lich die Existenz von Schiedsgerichten[191] und ermögliche es dem ordentlichen Gesetzgeber, Instrumente und Formate zur Lösung von Konflikten außerhalb der Gerichtsbarkeit zu institutionalisieren. Nach der Verfassung seien Schiedsgerichte eine autonome Kategorie von Gerichten. Auf diese Art und Weise leisteten die Verfassungsrichter einen wichtigen praktischen Beitrag für die Konsolidierung alternativer Streitbeilegungsstellen, was nicht zuletzt für die Entlastung des Workloads portugiesischer Gerichte bedeutsam erscheint.

53) Entscheidung Nr. 178/2015 (11. März 2015)[192]

Im Rahmen eines Wahlprüfungsfalles musste die Kammer über die Berufung einer politischen Partei gegen eine Entscheidung befinden, kraft welcher ein örtlich und sachlich zuständiges Gericht in Funchal die Vorlage einer Kandidatenliste dieser Partei zur Wahl bei der gesetzgebenden Versammlung der Autonomen Region Madeira ablehnte.

Hier ging es konkreter um die Verfassungsmäßigkeit von Art. 21 des Wahlgesetzes der Autonomen Region Madeira (Lei Eleitoral da Assembleia Legislativa da Região Autónoma da Madeira; Organgesetz 1/2006 i.d.F. von 2009), nach welchem solche Kandidaturen nur von politischen Parteien eingereicht werden können, diese Parteien jedoch zu Beginn des entsprechenden Zeitfensters für diese Einreichung registriert sein müssen.

Das Gericht in Funchal wandte diese Norm an und lehnte es daher ab, die Kandidatenliste einer Partei (Partido Democrático Republicano, PDR) zuzulassen, deren Registrierung beim Verfassungsgerichtshof erst abgeschlossen wurde, nachdem das besagte Zeitfenster bereits geöffnet worden war. Die politische Partei machte geltend, dass die Norm verfassungswidrig sei, weil sie gegen das Recht der Bürger verstoße, über rechtmäßig konstituierte politische Parteien in demokratischer Form zu befinden und abzustimmen.

Der Verfassungsgerichtshof stellte allerdings fest, dass Wahlgesetze im Allgemeinen eine Vielzahl formaler Bedingungen für Wahlprozesse auferlegen: Insbes. Fristen. Der Wahlprozess sei eben eine zeitlich begrenzte

191 Art. 202 Abs. 4 PV.

192 Vgl. im Folgenden Diário da República n.º 130/2015, Série II de 2015-07-07, S. 18166-18170; http://www.tribunalconstitucional.pt/tc/acordaos/20150178.html (letzter Abruf am 23. August 2020).

Abfolge von Phasen, und die Festlegung von Fristen daher unvermeidlich. Darüber hinaus handele es sich um einen (politisch-demokratischen) Wettbewerbsprozess. Die Verfassungsnormen, die die Beschwerdeführerin als verletzt ansah, enthielten aber gemäß der Kammer keine Beschränkungen eines Grundrechts im engeren Sinne, sondern waren in den Augen der Kammer notwendig für die rechtmäßige Wahldurchführung. Daher wurde die Beschwerde, unter konsolidierenden Verweis auf eigene frühere Judikatur,[193] abgelehnt. Dies war angesichts der Gefahr eines sich öffnenden "Scheunentors" im gegenteiligen Fall gewiss korrekt, und solcherart wurde die rechtmäßige Durchführung zukünftiger Volkswahlen betreffend des hier behandelten Aspekts sichergestellt.

Die Entscheidung war freilich Gegenstand einer abweichenden Meinung, deren Verfasser darauf hinwies, dass das Recht politischer Parteien, demokratisch zu konkurrieren, um den Willen des Volkes zu beeinflussen, eines der wichtigsten verfassungsmäßigen Rechte, der Freiheiten und Garantien auch der Bürger selbst sei. Dies bedeute, dass Beschränkungen und Bedingungen für die Ausübung des Rechts durch verfassungsrechtlich wichtige Interessen gerechtfertigt sein und jedenfalls dem Grundsatz der Verhältnismäßigkeit entsprechen müssen.

Die Mitglieder und Unterstützer der betreffenden Partei seien in den Augen dieses Richters daran gehindert worden, von diesem Recht Gebrauch zu machen, obwohl diese ihre Kandidatenliste vor Ablauf der endgültigen gesetzlichen Frist eingereicht hatte. Die einzige Rechtfertigung dafür sei eben die Tatsache gewesen, dass nur politische Parteien die Befugnis zur Einreichung von Kandidaturen besitzen, und zwar nur dann, wenn die Partei zu Beginn des Einreichungsfensters registriert ist. Im vorliegenden Fall sei die Partei zum Zeitpunkt des Öffnens des Fensters noch nicht offiziell gegründet worden, obwohl der formelle Prozess ihrer Gründung vor dem Verfassungsgerichtshof bereits fast zwei Monate zuvor begonnen hatte. Die daraus resultierende Registrierung erfolgte erst später, aus Gründen, die nichts mit den Antragstellern zu tun hatten.

Die abweichende Meinung vertrat die Auffassung, dass die geltenden rechtlichen und verfahrenstechnischen Normen zwar wichtig seien, aber dennoch akzessorisch und lediglich maßgeblich, wenn sie sich nicht effektiv gegen ein anwendbares Grundrecht stellen würden.

---

193 Entscheidung Nr. 253/99 vom 04. Mai 1999.

54) Entscheidung Nr. 346/2015
(23. Juni 2015)[194]

Das fundamentale Grundrecht auf eine Persönlichkeit und persönliche Identität (Art. 26 PV) umfasst nach Ansicht der Kammer auch das Recht zu wissen, von wem man abstammt, und zwar auf eine Weise, die die Identität der Personen offenbart, welche biologisch zur Schaffung der neuen Person beigetragen haben. Nach geltendem portugiesischem Zivilrecht ist eine Vaterschaftsermittlungsmaßnahme das einzige rechtliche Mittel, um das Grundrecht des Kindes auf eine rechtliche Bindung der biologischen Vaterschaft mit ihm umzusetzen (insbes. aus den Art. 68 Abs. 2 und 69 Abs. 1 PV abzuleiten), falls sich ein vermeintlicher Vater weigert, bei diesbezüglich zusammenzuarbeiten.

Im vorliegenden Fall, einem konkreten Normenkontrollfall, ging es um einen Rechtsbehelf, der die Verfassungsmäßigkeit sowohl der gerichtlichen Vaterschaftsanerkennungsmaßnahmen als auch des ihnen notwendigerweise vorausgehenden Verfahrens in Frage stellte, bei dem die Staatsanwaltschaft die Initiative ergreift, um die Vaterschaft zu bestimmen. Hier stellte der Verfassungsgerichtshof, unter konsolidierenden Verweis auf seine bisherige Rechtsprechung,[195] stellte keine Verfassungswidrigkeit in den entsprechenden Normen (Art. 1864 ff.) des portugiesischen Zivilgesetzbuches (Código Civil, CC) und des Gesetzes über die Organisation des Sorgerechts, den Schutz und die Umerziehung von Minderjährigen (Organização Tutelar de Menores; konkret dessen Art. 202 ff.) fest, nach denen die zuständigen Behörden die Initiative (*sua sponte*) ergreifen können, um die Vaterschaft gegen den Willen des vermeintlichen Vaters zu bestimmen; ein Gericht kann diese dann anerkennen, wodurch dem leiblichen Vater ein Vaterschaftszustand auferlegt wird. Der Verfassungsgerichtshof erklärte ferner inzidenter, dass die rechtliche Bestimmung und Anerkennung der Vaterschaft ohne Zustimmung des Vaters einerseits und die rechtliche Möglichkeit für Mütter andererseits, in den ersten zehn Wochen über den Schwangerschaftsabbruch zu entscheiden (Art. 142 des portugiesischen Strafgesetzbuches (Código Penal, CP)), keine Verletzung des Aspekts des Verfassungsgrundsatzes der Gleichstellung der Geschlech-

194 Vgl. im Folgenden Diário da República n.º 147/2015, Série II de 2015-07-30, S. 21033-21035; http://www.tribunalconstitucional.pt/tc/acordaos/20150346.html (letzter Abruf am 23. August 2020).

195 Entscheidung Nr. 75/2010 vom 23. Februar 2010 und Entscheidung Nr. 401/2011 vom 22. September 2011.

ter (insbes. Art. 13 Abs. 2 PV) darstellen. Die Kammer räumte jedoch ein, dass das Recht des Kindes, eine legale Bindung zum Vater herzustellen, welche der biologischen Wahrheit entspreche, sich jedenfalls mit der Anerkennung des Selbstbestimmungsrechts der Eltern (insbes. Art. 68 Abs. 2 PV) in diesem Bereich überschneide.

Folgerichtig lehnte der Verfassungsgerichtshof die Eingabe mit der Begründung ab, dass es in den beanstandeten Normen schlicht keine Verfassungswidrigkeit festgestellt habe. Es bezog sich hierfür dezidiert auch auf kontemporäre wissenschaftliche Literatur.[196] In der Sache zeigte sich die Kammer hiermit konsequent zu ihrer bisherigen Judikatur; auch konsolidierte sie die Interpretation der aufgeführten Kinder-Grundrechte wie auch im weiteren Sinne das Grundrecht auf Familie (Art. 67 PV).

Ein Richter stimmte der Entscheidung zu, trug aber nicht die angeführte, gewiss etwas verallgemeinernde Begründung mit. Seine Position beruhte auf der Tatsache, dass die Frage der Vaterschaftsbestimmung nicht mit dem Topos einer Abtreibung verbind- oder vergleichbar sei – bei der das Recht auf Leben und sein Schutz im Uterus dem Recht der Frauen auf Selbstbestimmung entgegenstehen würden.

55) Entscheidung Nr. 403/2015 (27. August 2015)[197]

Im vorliegenden Fall beantragte der Präsident der Portugiesischen Republik beim Verfassungsgerichtshof eine präventive abstrakte Normenkontrolle zur verfassungsrechtlichen Überprüfung der Revision einer Norm, die in einem Dekret des Parlaments zur Genehmigung des Geheimdienstsystems der Portugiesischen Republik enthalten war (konkret Art. 78 Abs. 2 des Dekretes Nr. 426/XII i.d.F. der bis dorthin letzten Revision durch das Gesetz Nr. 254/95). Die neu revidierte Norm hätte es Mitarbeitern der portugiesischen Sicherheitsdienste ermöglicht, unter bestimmten Bedingungen und (insbes.) ohne richterlichen Beschluss auf personenbezogene, telekommunikative Verkehrsdaten zuzugreifen. Eines der Ziele des

196 *Jorge Martins Ribeiro*, O direito do homem à rejeição da paternidade de filho nascido contra a sua vontade: a igualdade na decisão de procriar, Coimbra 2013 (=Reihe des Centro de direito da família / Faculdade de Direito da Universidade de Coimbra, Bd. 28; *passim*).

197 Vgl. im Folgenden Diário da República n.º 182/2015, Série I de 2015-09-17, S. 8245-8279; http://www.tribunalconstitucional.pt/tc/acordaos/20150403.html (letzter Abruf am 23. August 2020).

Dekretes der Versammlung der Republik, das die Norm enthielt, war die Anpassung des Sicherheitsdienst-Regimes an die aktuellen Informations- und Sicherheitsanforderungen. Dieses Regime für den Zugang zu Daten, die von Telekommunikationsbetreibern gespeichert werden, sollte fürderhin Ziele verfolgen, die mit der Prävention von Phänomenen wie Terrorismus, Spionage, Sabotage und hochorganisierter Kriminalität verbunden waren.

Wie die Kammer festhielt, gebe es eine breite Palette nationaler, europäischer und internationaler Rechtsvorschriften zum Datenzugriff: Der Zugang zu Daten über tatsächliche oder versuchte Kommunikation könne die Grundrechte der am Kommunikationsakt beteiligten Personen untergraben. In seiner Rechtsprechung bis dato[198] erkannte der Verfassungsgerichtshof die Bedeutsamkeit des Datenschutzes mehrfach an.

Das Recht auf kommunikative Selbstbestimmung[199] schütze die persönliche Sphäre vor öffentlichen und privaten Eingriffen, und die Verfassung schütze dieses Recht wiederum, indem sie die Kommunikation unverletzlich mache. Gesprächspartner hätten insbes. das Recht, dass unbefugte Dritte weder auf ihre Mitteilungen noch die damit verbundenen Informationen zugreifen könnten. Der technologische Fortschritt habe die Möglichkeiten solcher Interventionen freilich erhöht; jedoch müsse auch der Schutz der Privatsphäre notwendigerweise sichergestellt werden.

Die in der hier monierten Norm vorgesehene Ausweitung der verfassungsrechtlichen Ausnahme, die es den Behörden ermögliche, in den im Strafprozessrecht vorgesehenen Fällen in die Telekommunikation einzugreifen,[200] benötige jedenfalls die zusätzliche Garantie, dass nur ein Richter eine vorherige einschlägige Genehmigung erteilen könne. Der Verfassungsgerichtshof kam mithin zu dem Schluss, dass die vorliegende geprüfte Norm in der bestehenden Form verfassungswidrig sei. Auf diese Art und Weise zeigte sich die Kammer einmal mehr auch als Hüterin des empfindlichen Datenschutzrechts und emphatisierte die Notwendigkeit einschlägiger Einhaltung rechtsstaatlicher Garantien.

In einer abweichenden Richtermeinung wurde vorgebracht, dass die Norm mit der Verfassung übereinstimme, da es vorliegend um die Förde-

---

198 Insbes. Entscheidungen Nr. 198/85 vom 30. Oktober 1985; Nr. 128/92 vom 01. April 1992; Nr. 355/97 vom 07. Mai 1997; Nr. 407/97 vom 21. Mai 1997; Nr. 241/2002 vom 29. Mai 2002; Nr. 368/2002 vom 25. September 2002; Nr. 306/2003 vom 25. Juni 2003; Nr. 442/2007 vom 14. August 2007; Nr. 70/2008 vom 31. Januar 2008 und Nr. 230/2008 vom 21. April 2008.

199 Insbes. Art. 34 Abs. 1 PV.

200 Art. 34 Abs. 4 PV.

rung der Sicherheit als konstitutionellem Wert gehe – als eine Form des aktiven Schutzes des demokratischen Modells.

56) Entscheidung Nr. 106/2016 (24. Februar 2016)[201]

Dieser konkrete Normenkontrollfall wurde vor den Verfassungsgerichtshof gebracht, als die Staatsanwaltschaft gesetzlich verpflichtet war, gegen eine Entscheidung Berufung einzulegen, in der das zuständige Verwaltungsgericht Lissabons *a quo* die Anwendung von Normen (Art. 9 des Gesetzes Nr. 37/1981 i.d.F. von 2006) mit der Begründung verweigerte, sie seien verfassungswidrig. Es ging hierbei um das Grundrecht auf Staatsangehörigkeit (Art. 26 Abs. 1 PV). In diesem Zusammenhang stellte das Verwaltungsgericht fest, dass die fraglichen Normen nicht bedeuten können, dass die Verurteilung einer Person wegen eines Verbrechens, das mit einer Freiheitsstrafe von drei Jahren oder mehr bestraft wird, automatische Konsequenzen für den Erwerb der Staatsangehörigkeit habe.

In der hiesigen Entscheidung des Verfassungsgerichtshofes stellten die Richter klar, dass die Vorgaben Teil des normativen Regimes für den Erwerb der portugiesischen Staatsangehörigkeit seien – ein Bereich, in dem die Verfassung vom ordentlichen Gesetzgeber eben verlange, die Kriterien und Voraussetzungen für die Vergabe und den Erwerb der portugiesischen Staatsbürgerschaft festzulegen. Aufgrund des verfassungsrechtlichen Charakters des Rechts auf Zugang zur Staatsbürgerschaft sei der Gesetzgeber verpflichtet, die Voraussetzungen für die Ausübung dieses Grundrechts zu schaffen. Obwohl es Sache des portugiesischen Staates sei, zu definieren, wer seine Staatsangehörigen sind, hänge das Ausmaß, in dem der ordentliche Gesetzgeber die einschlägigen Rechtsvorschriften frei gestalten kann, von den Erfordernissen ab, die sich aus dem Inhalt des Grundrechts auf Staatsbürgerschaft ergeben, welches ein Grundrecht persönlicher Natur sei.

Die Umstände, die laut dem monierten Gesetz Gründe für die Ablehnung von Anträgen auf portugiesische Staatsangehörigkeit darstellen, seien negative Voraussetzungen für das Recht, die Staatsbürgerschaft zu erwerben. Eine davon sei eben eine Verurteilung, die zu einer Haftstrafe von

201 Vgl. im Folgenden Diário da República n.º 62/2016, Série II de 2016-03-30, S. 10734-10745; http://www.tribunalconstitucional.pt/tc/acordaos/20160106.html (letzter Abruf am 23. August 2020).

drei Jahren oder mehr führen kann. Nach der Kammerlesart des Art. 26 Abs. 1 PV sei es nicht verboten, dass Sanktionen keine automatischen Konsequenzen haben könnten. Es sei jedenfalls Sache des Gesetzgebers – und nicht der Verwaltung oder der Gerichte -, die Kriterien und Voraussetzungen für die Vergabe und den Erwerb der portugiesischen Staatsangehörigkeit abzuwägen und auszuwählen.

Im vorliegenden Fall stellte die Kammer – unter konsolidierenden Verweis auf bisherige eigene Judikatur[202] – fest, dass die Wahl eines objektiven Kriteriums (basierend auf der Verurteilung von Straftaten, deren strafrechtliche Merkmale im Hinblick auf eine bestimmte Grenze festgelegt wurden) aus einer allgemeinen, abstrakten Bewertung durch den Gesetzgeber resultiere. Daher kam man zum Schluss, dass die monierten Normen keine Verfassungswidrigkeit aufwiesen, wenn sie in Übereinstimmung mit der Verfassung ausgelegt würden. Die sehr senatorial anmutende Entscheidung vermied durch ihre klare Argumentationsstruktur eine in der Sache zu heftige Auseinandersetzung mit dem zuständigen Lissaboner Verwaltungsgericht und trug mit dazu bei, die Eckpfeiler der portugiesischen Staatsangehörigkeitsrechts zu einer Periode verstärkter Zuwanderung effektiv zu konsolidieren.

57) Entscheidung Nr. 251/2016
(4. Mai 2016)[203]

Antragsteller in diesem konkreten Normenkontrollfall war ein Bürger, der einer vorsorglichen Haftmaßnahme unterlag, während er auf das Ergebnis eines Disziplinarverfahrens wegen einer schwerwiegenden Disziplinarstrafe wartete. Der Bürger hatte diesen Umstand vor dem Strafvollzugsgericht angefochten, welches seine Eingabe ablehnte; in der daraufhin eingebrachten Berufung machte er die Verfassungswidrigkeit der Rechtsnorm (Art. 104 des Kodizes für die Vollstreckung von Strafen und Maßnahmen zur Freiheitsentziehung / Código da Execução das Penas e Medidas Privativas da Liberdade, CEP) geltend, nach der die Dauer einer solchen Haftmaßnahme nicht vollständig von der endgültigen Sanktion für sein

202 Entscheidungen Nr. 345/2002 vom 11. Juli 2002; Nr. 154/2004 vom 16. März 2004; Nr. 599/2005 vom 02. November 2005 und Nr. 605/2013 vom 24. September 2013.

203 Vgl. im Folgenden http://www.tribunalconstitucional.pt/tc/acordaos/20160251.html (letzter Abruf am 23. August 2020).

ursprüngliches Disziplinarvergehen abgezogen werden könne. Der Antragsteller machte geltend, es bestehe eine Analogie zu den Bestimmungen des Strafgesetzbuches (Art. 80 Código Penal, CP), wonach die Dauer einer anfänglichen Haftzeit, Untersuchungshaft und / oder eines Hausarrests vollständig von der darauf folgenden Haftstrafe abgezogen werde. Der Verfassungsgerichtshof hatte bereits in der Vergangenheit über ähnliche Fragen entschieden und jeweils keine Verfassungswidrigkeit in der ihm vorgelegten Norm festgestellt.[204]

Die Kammer hielt den Unterschied zwischen den beiden Regimen (CEP und CP) für gerechtfertigt, da sie unterschiedliche Situationen abdecken würden: Der CEP erlaube Beschränkungen der Grundrechte, wenn diese Beschränkungen dem Inhalt und der Bedeutung einer Verurteilungsentscheidung und der daraus resultierenden Strafe oder einer Maßnahme, die den Freiheitsentzug beinhalte, inhärent seien. und wenn sie (vorbehaltlich der in dem CEP selbst festgelegten Bedingungen) aus Gründen erforderlich seien, die mit Ordnung, Sicherheit und Schutz im Gefängnis zusammenhängen würden. Die Auswirkungen von Vorsichtsmaßnahmen im Rechtsbereich von Personen, denen bereits die Freiheit entzogen wurde, weil sie strafrechtlichen Sanktionen unterliegen, seien nicht dieselben wie im Rechtsbereich anderer Bürger, die Zwangsmaßnahmen unterliegen, die im CP vorgesehen seien. Der Verfassungsgerichtshof stellte daher keine Verfassungswidrigkeit in der aus der CEP-Bestimmung abgeleiteten Norm fest.

Solcherart machte die Kammer klar, dass die Zwecke der Zwangsmaßnahmen, die während eines laufenden Strafverfahrens verhängt werden, und die Ziele von Vorsichtsmaßnahmen, die in Disziplinarverfahren angewendet werden, unterschiedlich seien, da letztgenannte ein sicheres und geordnetes Gemeinschaftsleben in den Gefängnissen gewährleisten solle, was auch die Sozialisierung von Insassen einschließe.

---

204 Entscheidungen Nr. 157/88 vom 07. Juli 1988; Nr. 263/94 vom 23. März 1994; Nr. 96/2005 vom 23. Februar 2005; Nr. 370/2007 vom 26. Juni 2007; Nr. 218/2012 vom 26. April 2012; Nr. 129/2013 vom 27. Februar 2013 und Nr. 635/2015 vom 09. Dezember 2015.

58) Entscheidung Nr. 591/2016
(9. November 2016)[205]

Unter Bezugnahme auf vorangehende, eigene Judikatur,[206] erklärte die Kammer vorliegend die Verfassungswidrigkeit in der praktischen Auslegung einer Norm (Art. 7 Abs. 3) des Gesetzes Nr. 34/2004 über den Zugang zum Recht und zu den Gerichten (Lei de Acesso ao Direito e aos Tribunais, LADT).

Die Antragstellerin in diesem konkreten Normenkontrollfall war eine gewinnorientierte juristische Person (ein Handelsunternehmen), die Rechtshilfe beantragt hatte, um einer vom Bezirkszentrum des Instituts für soziale Sicherheit erlassenen Verfügung gerichtlich widersprechen zu können. Dieser Antrag wurde abgelehnt, und das Unternehmen bestritt daraufhin diese Ablehnung vor dem Gericht von Braga, welches seine Klage auf der Grundlage einer normativen Auslegung ablehnte, wonach Rechtshilfe nicht für gewinnorientierte juristische Personen gewährt werden könne.

Das Gericht von Braga hatte folglich die bezeichnete Norm des LADT *a quo* so ausgelegt und angewandt, dass die Möglichkeit der Gewährung von Prozesskostenhilfe für gewinnorientierte juristische Personen sofort und kategorisch ausgeschlossen werde. In der Tat äußert sich die entsprechende Norm nicht zur Prozesskostenhilfe für vergleichbare Unternehmen, schließt solches aber auch nicht aus.

Der Verfassungsgerichtshof befand, dass diese Auslegung und die daraus resultierende Verweigerung des Rechtsschutzes für solche Unternehmen ohne Berücksichtigung ihrer konkreten wirtschaftlichen Lage verfassungswidrig sei, da sie das verfassungsmäßige Recht auf Zugang zur Justiz und auf einen wirksamen gerichtlichen Schutz (Art. 20 PV) verletzten. Dies sei ein Recht, das eine unverzichtbare Garantie für den Schutz der Grundrechte im Allgemeinen darstelle und der Idee eines rechtsstaatlichen Staates innewohne. Auf diese Art und Weise emphatisierte die Kammer die notwendige Unterbindung von unterschiedlicher juristischer Handhabe gegenüber verschiedenen Arten von Rechtssubjekten.

205 Vgl. im Folgenden Diário da República n.º 237/2016, Série II de 2016-12-13, S. 36478-36481; http://www.tribunalconstitucional.pt/tc/acordaos/20160591.htm l (letzter Abruf am 23. August 2020).

206 Entscheidungen Nr. 279/2009 vom 27. Mai 2009 und Nr. 216/2010 vom 01. Juni 2010.

59) Entscheidung Nr. 32/2017
(1. Februar 2017)[207]

Dieser Fall betraf den empfindlichen Topos der notwendigen Transparenz hinsichtlich Einkommens- und Vermögenserklärungen von Amtsträgern, insbes. im Bankensektor. Mehrere Mitglieder der staatlichen Bank Caixa Geral de Depósitos wurden darüber informiert, dass das Gesetz zur Festlegung des Regimes zur öffentlichen Kontrolle des Reichtums politischer Amtsträger (Nr. 4/1983) sie zur Abgabe solcher Erklärungen verpflichte, was von diesen bestritten wurde.

Nach den Bestimmungen des für den Verfassungsgerichtshof geltenden Organgesetzes (Art. 106 ff.) ist die Kammer befugt zu entscheiden, ob in konkreten Fällen eine Pflicht zur Vorlage der im Gesetz Nr. 4/1983 vorgesehenen Erklärung von Vermögenswerten, Einkommen und Unternehmenspositionen besteht.

Die Frage vor dem Gerichtshof war, ob die betreffenden Personen im Sinne des Gesetzes Nr. 4/1983 als hochrangige Amtsträger angesehen werden sollten und daher verpflichtet seien, die Erklärung abzugeben, die laut Gesetz abgegeben werden muss, wenn diese Amtsträger ihre Positionen antreten. Der Hauptaspekt dieser Frage war, ob Änderungen des Statuts für leitende Angestellte (Estatuto do Gestor Público, EGP), die 2016 durch ein Exekutivgesetz vorgenommen wurden auch die Erklärungen nach dem Gesetz Nr. 4/1983 tangierten.

Die Kammer erinnerte in ihrer Entscheidung daran, dass eine Norm des portugiesischen Staatshaushaltsgesetzes 2017, in der die Bedingungen festgelegt wurden, unter denen Unternehmen Transparenz- und Rechenschaftspflichten unterliegen, besagte, dass das Gesetz Nr. 4/1983 für Mitglieder der Verwaltungsräte von Kreditinstituten gelte, die Teil des öffentlichen Bankensektors seien; dazu zählte sie auch leitende öffentliche Manager dieser Unternehmen. Da die betreffenden Personen dieses Charakteristikum erfüllten, wies der Verfassungsgerichtshof wies daher die von den Petenten im vorliegenden Fall vorgebrachten Argumente zurück und ordnete an, dass diese die entsprechenden Erklärungen abgeben.

207 Vgl. im Folgenden http://www.tribunalconstitucional.pt/tc/acordaos/20170032.html (letzter Abruf am 23. August 2020).

Der Verfassungsgerichtshof zeigte sich in diesem Fall als Hüter notwendiger Transparenz im empfindsamen Finanzsektor; er konsolidierte insoweit bestehende eigene Judikatur.[208]

60) Entscheidung Nr. 271/2017 (31. Mai 2017)[209]

Im vorliegenden Fall hatte die Staatsanwaltschaft die konkrete Normenkontroll-Überprüfung einer behördlichen Entscheidung beim Verfassungsgerichtshof beantragt, in welcher namentlich das Verwaltungs- und Finanzgericht von Leiria die Anwendung einer Norm verweigerte, weil es der vom Verfassungsgerichtshof selbst herausgegebenen, bis dato bestehenden ständigen Rechtsprechung folgte. In früheren Urteilen vom 2016,[210] 2012,[211] 2009[212] und 2007[213] hatte der Verfassungsgerichtshof nämlich entsprechende Normen als materiell verfassungswidrig eingestuft.

Der Verfassungsgerichtshof stellte nunmehr aber weder eine formelle, noch eine materielle Verfassungswidrigkeit bezüglich einer Norm (Art. 95) aus dem kontemporären Gesetz für städtische Raumentwicklung und Bauwesen (Nr. 555/99 vom 16. Dezember 1999, in der aktuell revidierten Fassung) fest. Die fragliche Norm besagt, dass kommunale Bauinspektoren für bestimmte Zwecke berechtigt sind, die Wohnung eines jeden mit oder ohne Zustimmung des Hausbesitzers zu inspizieren, wobei für solches allgemein eine gerichtliche Anordnung benötigt wird.

Aufgrund der besonderen Komplexität des hier bezeichneten (Verwaltungs-)Rechtsfeldes berücksichtigte die Kammer vorliegend sowohl die Art der kommunalen Intervention, die das Betreten der Wohnung von Personen durch kommunale Mitarbeiter rechtfertigen würde, als auch die Formulierung dieser Norm. Einer der Faktoren, die der Verfassungsgerichtshof berücksichtigte, ist, dass naturgemäß nur ein Richter solche Anordnungen ausstellen kann. Es wurde entschieden, dass trotz der Vielzahl von Arten von städtebaulichen Eingriffen, zu deren Durchführung die

---

208 Entscheidungen Nr. 455/2007 vom 02. Mai 2007; Nr. 279/2010 vom 05. Juli 2010; Nr. 201/2011 vom 14. April 2011 und Nr. 242/2011 vom 07. Juni 2011.

209 Vgl. im Folgenden http://www.tribunalconstitucional.pt/tc/acordaos/20170271.html (letzter Abruf am 23. August 2020).

210 Entscheidung Nr. 195/2016 vom 13. April 2016.

211 Entscheidung Nr. 160/2012 vom 28. März 2012.

212 Entscheidung Nr. 145/2009 vom 24. März 2009.

213 Entscheidung Nr. 211/2007 vom 21. März 2007.

lokalen Behörden befugt sind, die Anforderung einer gerichtlichen Anordnung die Unverletzlichkeit der Wohnung gemäß der Verfassung (Art. 34 Abs. 1,2 PV) garantiere. Die Regierung könne jedoch nur dann Gesetze (auch Revisionsgesetze) diesbezüglich erlassen, wenn das Parlament dies vorher genehmigt habe: Dies gelte auch für Gesetze, die das Recht auf Unverletzlichkeit der Wohnung beeinträchtigen.

Zwei Sondervoten gab es vorliegend, mit abweichenden Verfassungsrichtermeinungen: Ein Richter (niemand geringeres als der Kammerpräsident selbst) war der Ansicht, dass das einschlägige parlamentarische Genehmigungsgesetz das Problem einer materiellen Verfassungswidrigkeit in Bezug auf das Recht auf Unverletzlichkeit der Wohnung nicht behoben habe, da es die Regierung nicht ausdrücklich ermächtige, in der fraglichen Angelegenheit Gesetze zu erlassen.

Ein anderer Richter war der Meinung, dass das neue Genehmigungsgesetz die materielle Verfassungswidrigkeit, gegen die der Verfassungsgerichtshof in seiner Entscheidung von 2016 Einwände erhoben hatte, nicht beseitigt habe, da es insbes. nichts über die Zulässigkeit von Beschränkungen des Rechts auf Unverletzlichkeit der Wohnung aussage.

Vorliegend zeigte der Verfassungsgerichtshof seine bemerkenswerte Fähigkeit auf, sich aktuellen gesellschaftlichen Gegebenheiten (periodische Wohnungsnot) anzupassen und richtigerweise eine Verfassungskonformität der hier angegriffenen Norm anzunehmen, da diese Norm in der Tat Garantien für die Unverletzlichkeit der Wohnung aufbietet.

61) Entscheidung Nr. 848/2017 (13. Dezember 2017)[214]

Der Ombudsman Portugals beanstandete im vorliegenden Fall die Verfassungsmäßigkeit einer Reihe von Normen (Art. 59 ff.der allgemeinen Bestimmungen über Gebühren, Preise und sonstige Einnahmen der Gemeinde Lissabon/Regulamento Geral de Taxas, Preços e outras Receitas do Município de Lisboa, RGTPRML) in Bezug auf die vom Lissaboner Gemeinderat festgelegte und erhobene kommunale Zivilschutzgebühr (Taxa Municipal de Proteção Civil de Lisboa), mit der Begründung, dass diese sogenannte 'Gebühr' tatsächlich keine solche sei, sondern eine Steuer.

214 Vgl. im Folgenden Diário da República n.º 15/2018, Série I de 2018-01-22, S. 473-490; http://www.tribunalconstitucional.pt/tc/acordaos/20170848.html (letzter Abruf am 23. August 2020).

Kraft PV (Art. 165 Abs. 1 lit. i) müssen Steuern durch den Gesetzgeber verabschiedet werden. Der Verfassungsgerichtshof bestätigte dies durch das vorliegende Judikat und erklärte die entsprechende Verfassungswidrigkeit der einschlägigen RGTPRML-Normen mit allgemein verbindlicher Kraft.

Der Verfassungsgerichtshof stellte im hiesigen Fall fest, dass die Tatsache, dass eine Gemeinde eine von ihr erhobene Abgabe als 'Gebühr' qualifiziere, nicht entscheidend für die Bestimmung des tatsächlichen rechtlichen Charakters der Abgabe sei. Die Art der Abgabe ergebe sich immer aus der Auslegung des geltenden Rechtssystems und jedenfalls nicht aus den vom (Regional- oder National-)Gesetzgeber angegebenen Bezeichnungen.

Die hier monierte Zivilschutzgebühr war weder eine Gebühr noch ein "finanzieller Beitrag", wie alternativ vom Lissaboner Stadtrat geltend gemacht wurde: Der Gerichtshof wies dieses Argumentunter Verweis auf den Inhalt der Abgabe zurück, die weiträumig einer Liegenschaftssteuer glich. Insoweit ging in den Augen der Kammer der Charakter der Zivilschutzabgabe weit über eine regionale Gebühr hinaus. Durch diese Rechtsprechung schuf der Verfassungsgerichtshof weitgehende praktische Transparenz im Fiskalsystem der Portugiesischen Republik.

62) Entscheidung Nr. 225/2018 (24. April 2018)[215]

In diesem Fall ging es um eine konkrete Normenkontrolle des portugiesischen Gesetzes zur medizinisch unterstützen Fortpflanzung (Gesetz Nr. 32/2006 vom 26. Juli 2006). Der Verfassungsgerichtshof befand im Rahmen seiner Entscheidung, dass eine Reihe von Normen, die im bezeichneten Gesetz enthalten sind, verfassungswidrig seien: Dies bezog sich namentlich auf die in dessen Art. 8 enthaltenen konkreteren Normen über Ersatzschwangerschaftsvereinbarungen in Ausnahmefällen sowie über die Zulässigkeit des Widerrufes der Einwilligung der Leihmutter nach Übergabe des Kindes an die Begünstigten.

Die vom Verfassungsgerichtshof vorgenommene Analyse des Gesetzes über die medizinisch unterstützte Fortpflanzung konzentrierte sich im Wesentlichen auf die Zulässigkeit des Rechts, eine Familie mit Rückgriff auf eine Ersatzschwangerschaft zu gründen (in medizinisch gebotenen Fäl-

---

215 Vgl. im Folgenden Diário da República n.º 87/2018, Série I de 2018-05-07, S. 1885-1979; http://www.tribunalconstitucional.pt/tc/acordaos/20180225.html (letzter Abruf am 23. August 2020).

len); ferner auf die Zulässigkeit des Rechts derjenigen, die aufgrund einer medizinisch unterstützten Fortpflanzung geboren wurden, die Identität des / der Spender (s) und/oder gegebenenfalls der Leihmutter zu kennen; schließlich auf die Zulässigkeit des Verzichtes auf die Untersuchung der Vaterschaft von Amts wegen in Bezug auf ein Kind, das von einer Frau, im Kontext dieses Gesetzes, außerhalb des Rahmens einer Ehe oder einer nichtehelichen Partnerschaft geboren wurde.

In Bezug auf das erste Thema, die Zulässigkeit der Ersatzschwangerschaft, war der Verfassungsgerichtshof der Auffassung, dass die Tatsache, dass der portugiesische Gesetzgeber dies als außergewöhnliche Fortpflanzungsmethode ansah, der privatautonomen Zustimmung der interessierten Parteien zu unterwerfen sei. Allerdings monierten die Verfassungsrichter die allzu abstrakt formulierten etwaigen Grenzen solcher Privatautonomie und auch der Leihmutterrechte. Insbes. die gesetzlich normierte Einschränkung der Möglichkeit, die Einwilligung der Leihmutter vom Beginn des *in vitro*-Verfahrens (insbes. nach Art. 8 Abs. 8 des Gesetzes) bis zur Übergabe des Kindes an die Begünstigten zu widerrufen, stelle eine Verletzung des Grundrechts auf die Entwicklung der eigenen Persönlichkeit der Leihmutter dar.

In Bezug auf die gesetzliche Regelung der Spenderanonymität (sowie die der Leihmutter), erkannte der Verfassungsgerichtshof an, dass die Würde der menschlichen Person dadurch nicht verletzt worden sei. Angesichts der Bedeutung, die dem Recht auf Kenntnis der eigenen Herkunft beigemessen werde, war die Kammer jedoch (im Gegensatz zu der konservativeren Position, die sie in einem früheren Judikat[216] vertreten hatte) der Ansicht, dass die Regelung der Anonymität seitens des Gesetzgebers zu einer unnötigen Einschränkung der Grundrechte des Kindes auf persönliche Identität und Entwicklung führe.

In Bezug auf den Verzicht auf die Vaterschaftsuntersuchung von Amts wegen, entschied der Verfassungsgerichtshof, dass eine solche Untersuchung an sich bereits juristisch sinnlos sei, da der Spender rechtlich jedenfalls nicht der Vater des geborenen Kindes werden könnte.

In Anbetracht der Tatsache, dass die Beseitigung der Normen, die durch die Kammer mit allgemeiner Verbindlichkeit als verfassungswidrig angesehen werden, bedeuten würde, dass alle bereits im Rahmen des Gesetzes begonnenen Fortpflanzungsverfahren später außer Kraft gesetzt werden

216 Vgl. die Entscheidung Nr. 101/2009 vom 3. März 2009, siehe insbes. http://www.tribunalconstitucional.pt/tc/acordaos/20090101.html (letzter Abruf am 23. August 2020).

müssten (mit negativen rechtlichen Konsequenzen für die Legitimität der therapeutischen Verfahren) entschied der Gerichtshof einstimmig, aus Gründen der Rechtssicherheit und in Übereinstimmung mit der Verpflichtung des Staates zu Schutz von Familien und Kindern, die Auswirkungen seiner Entscheidung auf *ex nunc* zu begrenzen. Dieses wie auch die Entscheidung als solche, welche der Verfassungsgerichtshof traf, dokumentierte in eindrucksvoller Form die Fähigkeit der Kammer, sich an die tatsächlichen gesellschaftlichen Bedürfnisse anzupassen.

63) Entscheidung 308/2020
(23. Juni 2020)[217]

Im vorliegenden Fall ging es um ein Rechtsmittel gegen ein Gerichtsurteil, durch welches die Nichtzulassung einer Berufung in Strafsachen, im konkreten Rahmen eines Strafprozesses vor einem portugiesischen Gericht verfügt wurde. Hierzu ist zu emphatisieren, dass Art. 32 Abs. 1 PV an sich alle Verteidigungsgarantien einschließlich der Berufung gewährleistet, dies naturgemäß auch im Strafprozess. Allerdings wurde im Konkretfall eine Berufung ausgeschlossen, da die vorgelegte Eingabe den Bestimmungen des einschlägigen Art. 417 der portugiesischen Strafprozessordnung (Código de Processo Penal, CPP) nicht entsprach. Die Kammer stellte hier keine Verfassungswidrigkeit fest, da der einfache Gesetzgeber diese Bestimmung mit notwendigen Essentialia sehr ausführlich formuliert hat.

64) Entscheidung Nr. 422/2020
(15. Juli 2020)[218]

In dieser bemerkenswerten Entscheidung befand der Verfassungsgerichtshof erstmals über das Verhältnis zwischen EU-Recht und der PV. Im Ergebnis anerkannten die Richter ihre mangelnde Zuständigkeit für die

---

217 Vgl. im Folgenden https://www.tribunalconstitucional.pt/tc/acordaos/20200308.html (letzter Abruf am 23. August 2020).

218 Vgl. im Folgenden Diário da República n.º 152/2020, Série I de 2020-08-06, S. 34-38; http://www.tribunalconstitucional.pt/tc/acordaos/20200422.html (letzter Abruf am 23. August 2020); vgl. im Folgenden auch *Rui Tavares Lanceiro*, Op-Ed: "The Portuguese Constitutional Court judgment 422/2020 – a 'Solange' moment?", Beitrag auf eulawlive.com vom 24. Juli 2020, eingesehen unter https://eulawlive.com/op-ed-the-portuguese-constitutional-court-judg

Überprüfung der Verfassungsmäßigkeit der Bestimmungen des EU-Rechts. Konkreter wurde die Kammer im Rahmen eines Verfahrens zwischen einem Weinexporteur auf der Klägerseite und einer Bank auf der Beklagtenseite angerufen, wobei es zentral um die Weigerung der Bank ging, eine Bankgarantie freizugeben, welche die Rückzahlung eines Vorschusses auf eine Exportrückerstattung gewährt hätte.

Vorliegend lehnten die Verfassungsrichter, interessanterweise ohne jegliche abweichende Meinung, die Zuständigkeit für die Entscheidung dieser Frage ab. Während des Verfahrens wurden dem EuGH vom Tribunal da Relação de Lisboa vorläufige Fragen zur Auslegung von Artikel 19 Absatz 1 Buchstabe a der Verordnung 2220/85 der Kommission[219] vorgelegt, infolge dessen Antwort, welche insbes. auf das EuGH-Urteil Cruz & Companhia (C-128/13)[220] verwies, der Weinexporteur den Verfassungsgerichtshof anrief: Er machte geltend, dass die EU-Vorschrift gegen den in der portugiesischen Verfassung verankerten (Art. 13 Abs. 1 PV) Gleichstellungsgrundsatz verstießen, da andere Betreiber, die keine Vorerstattung der Rückerstattung beantragt hätten, nicht zur Gewährleistung der Sicherheit verpflichtet seien. In Vorbereitung auf den danach freilich wieder aufgegebenen EU-Verfassungsvertrag wurde die PV im Jahr 2004 geändert, wobei Artikel 7 Absatz 6 nunmehr die gemeinsame Ausübung von Befugnissen im Rahmen der EU gestattet, und ferner ein ausdrücklicher Verweis auf die Werte des EU-Rechts für die portugiesische Rechtsordnung (Art. 8 Abs. 4 PV) zusätzlich eingefügt wurde. Diese Bestimmung erlaubt ausdrücklich die Anwendung des EU-Rechts in der nationalen Rechtsordnung im Einklang mit dem Unionsrecht. Somit gibt es in Portugal eine verfassungsrechtliche Grundlage für den Vorrang des EU-Rechts. Der Verfassungsgerichtshof akzeptierte vorliegend, dass dieser Vorrang bedeute, dass der EuGH die ausschließliche Zuständigkeit für die Interpretation der Gültigkeit des EU-Rechts habe und dass das Schutzniveau der Grundrechte auf EU-Ebene in einem solchen Rahmen funktional demjenigen der PV entspreche.

---

ment-422-2020-a-solange-moment-by-rui-tavares-lanceiro/ (letzter Abruf am 23. August 2020).

219 VO (EWG) Nr. 2220/85 der Kommission vom 22. Juli 1985 mit gemeinsamen Durchführungsbestimmungen zur Regelung der Sicherheiten für landwirtschaftliche Erzeugnisse (ABl. L 205 vom 3. August 1985, S. 5).

220 Entscheidung vom 11. Dezember 2014, ECLI:EU:C:2014:2432.

65) (Zwischen-)Entscheidung Nr. 423/2020 (15. Juli 2020)[221]

Im vorliegenden Fall ging es um die Ende Juni 2020 ergangene Entscheidung der Gemeindeversammlung von Chaves, ein lokales Referendum über die Wiedereröffnung einer dortigen römischen Brücke für den Autoverkehr abzuhalten. Der Verfassungsgerichtshof sollte bezüglich dieser Entscheidung eine präventiv-abstrakte Überprüfung der Verfassungsmäßigkeit und Rechtmäßigkeit gemäß den Vorgaben aus Art. 25 des Organgesetzes Nr. 4/2000 vom 24. August 2000 vornehmen.

Was die einschlägige verfassungsrechtliche Grundlage betraf, so unterstrich die Kammer, dass bereits kraft Art. 240 PV portugiesische lokale Behörden dazu ermächtigt seien, sich dem Referendum der jeweiligen Wahlbürgerangelegenheiten zu unterwerfen, die in den Zuständigkeiten dieser Behörden enthalten sind. In der Sache arbeitete die Kammer heraus, dass der Autoverkehr unter den Einwohnern von Chaves ein kontroverses Thema sei, bei dem die Argumente einerseits die Aufrechterhaltung der Fußgängernutzung verteidigen und das dortige kulturelle Erbe betonen – andererseits aber auch wirtschaftliche Erwägungen eine signifikante Rolle spielen würden.

Insgesamt beschloss die Kammer, die Verfassungsmäßigkeit und Rechtmäßigkeit des bezeichneten lokalen Referendums zu überprüfen, damit dieses abgehalten werden könne. Dies war bei Redaktionsschluss der hiesigen Arbeit noch nicht abschließend entschieden, würde aber angesichts der bezeichneten Rechtslage sehr wahrscheinlich die Verfassungs- und Gesetzeskonformität eines solchen Referendums nach sich ziehen.

---

221 Vgl. im Folgenden https://www.tribunalconstitucional.pt/tc/acordaos/20200423.html (letzter Abruf am 23. August 2020).

Bibliographie

A. Monographien und Aufsätze

- *Amaral, Maria Lúcia,* O princípio da dignidade da pessoa humana na jurisprudência constitucional, in: Jurisprudência Constitucional 2007, No. 13, S. 4-16
- *dieselbe / Pereira, Ravi Afonso,* (§ 104) Das portugiesische Verfassungsgericht, in: Armin von Bogdandy / Christoph Grabenwarter / Peter-Michael Huber (Hg.), Handbuch Ius Publicum Europaeum, Bd. VI (Verfassungsgerichtsbarkeit in Europa: Institutionen), Heidelberg 2016, S. 519-571
- *Araújo, António,* A construção da justiça constitucional portuguesa: o nascimento do Tribunal Constitucional, in: Análise social, Bd. 30, Nr. 134 (1995), S. 881-946
- *Barreto, António,* Autonomia regional, descentralização e limites ao poder político: reflexões sobre o caso açoriano, in: Análise social, Bd. 29, Nr. 125-126 (1994), S. 267-286
- *Canas, Vitalino,* Introdução às decisões de provimento do Tribunal Constitucional (Conteúdo, objecto, efeitos), Lissabon 1994
- *Cardoso da Costa, José Manuel M.*, O Tribunal Constitucional Português: a sua origem histórica, in: Walter Fürst / Roman Herzog / Dieter C. Umbach (Hg.), FS für Wolfgang Zeidler, Bd. 1, Berlin (u.a.) 1987, S. 351-361
- *derselbe,* O princípio da Dignidade da Pessoa Humana na Constitução e na Jurisprudência Constitucional Portuguesas, in: Sergio Resende de Barros / Fernando Aurelio Zilvetti (Hg.), Direito Constitucional – Estudos em homenagem a Manoel Gonçalves Ferreira Filho, 1999 (ohne Ortsangabe), S. 191-199
- *derselbe,* A Jurisdição Constitucional em Portugal, 3. Aufl. Coimbra 2007
- *derselbe,* Die Verfassungsgerichtsbarkeit in Portugal, in: Christian Starck / Albrecht Weber (Hg.), Verfassungsgerichtsbarkeit in Westeuropa, Bd. 1, 2. Aufl. Baden-Baden 2007, S. 199-225
- *Caupers, João,* Os direitos fundamentais dos trabalhadores e a Constituição, Coimbra 1985
- *Correia, Fernando Alves,* Justiça constitucional, Coimbra 2016
- *dos Reis, José Alberto,* Código de Processo Civil Anotado, Bd. V (Neudruck, Coimbra 1984)
- *Espada, João Carlos,* Direitos sociais de cidadania – uma critica a F.A. Hayek e R. Plant, in: Análise social, Bd. 30, Nr. 131-132 (1995), S. 265-287
- *Gomes Canotilho, José J. / Moreira, Vital,* Constituição da República Portuguesa Anotada, Bd. 2, 2. Aufl. Coimbra, 1985
- *dieselben,* Constituição da República Portuguesa Anotada, 3. Aufl. Coimbra 1993

- *Grinover, Ada Pellegrini,* A atividade administrativa em face do sistema constitucional, in: Marcelo Rebelo de Sousa [et al.] (Koord.), Estudos de homenagem ao Prof. Doutor Jorge Miranda, Bd. 1, Coimbra 2012, S. 45-67
- *Guedes, Armando M. Marques,* O Tribunal Constitucional português : os primeiros seis anos (1983-1989), in: O direito, A. 125, Nr. 1-2 (Jan.-Jun. 1993), S. 7-38
- *Guerra Martins, Ana Maria,* A interdição de partidos políticos contrários ao princípio democrático, in: Marcelo Rebelo de Sousa [et al.] (Koord.), Estudos de homenagem ao Prof. Doutor Jorge Miranda, Bd. 1, Coimbra 2012, S. 185-213
- *López Contreras, Andrea / Solorio Romero, Marco / Martínez Medina, Karla / Da Cunha Lopes, Teresa M.G.,* As fontes doutrinárias diretas das sentenças de control preventivo da constitucionalidade do Tribunal Constitucional de Portugal no período de Janeiro 2002 a Dezembro 2002, in: Teresa M.G. Da Cunha Lopes / Lucio Pegoraro (Koord.), A *contribuição* da *doutrina* na *jurisdição* constitucional Portuguesa e Brasileira (=Colección Transformaciones Jurídicas y Sociales en el siglo XXI, Serie 8/Bd. 3), Bologna/Lissabon 2014, S. 148-201
- *Lopes Ribeiro Mendes, Armindo / Da Cunha Lopes, Teresa M.G.,* Tribunal Constitucional entre o Direito e a Política, in: Teresa M.G. Da Cunha Lopes / Lucio Pegoraro (Koord.), A *contribuição* da *doutrina* na *jurisdição* constitucional Portuguesa e Brasileira (=Colección Transformaciones Jurídicas y Sociales en el siglo XXI, Serie 8/Bd. 3), Bologna/Lissabon 2014, S. 106-147
- *Magalhães, Pedro Coutinho,* Democratização e indepêndencia judicial em Portugal, in: Análise social, Bd. 30, Nr. 130 (1995), S. 51-90
- *derselbe / de Araújo, António,* A justiça constitucional entre o direito e a política : o comportamento judicial no Tribunal Constitucional Português (Análise Social, Bd. XXXIII, Nr. 145 (1998), S. 7-53
- *Mendes, Fernando Ribeiro,* Por onde vai a segurança social portuguesa?, in: Análise social, Bd. 30, Nr. 131-132 (1995), S. 405-429
- *Nicz, Alvacir Alfredo,* A superação das crises de governabilidade para o alcance da concretização dos direitos fundamentais sociais, in: Marcelo Rebelo de Sousa [et al.] (Koord.), Estudos de homenagem ao Prof. Doutor Jorge Miranda, Bd. 1, Coimbra 2012, S. 165-183
- *Pagliarini, Alexandre Coutinho / Vaccaro, Stefania Becattini,* Procura-se: trabalho e cidadania in: Marcelo Rebelo de Sousa [et al.] (Koord.), Estudos de homenagem ao Prof. Doutor Jorge Miranda, Bd. 1, Coimbra 2012, S. 107-119
- *Parashu, Dimitrios,* Der Ausbau der griechischen Verfassungsgerichtsbarkeit. Eine kritische Betrachtung zu Entwicklung und Entfaltungsmöglichkeiten im Rechtsvergleich, Berlin 2012
- *Patriarca, Fátima,* A regulamentação de trabalho nos primeiros anos do regime corporativo,
  in: Análise social, Bd. 29, Nr. 128 (1994), S. 801-839
- *Pegoraro, Lucio,* A doutrina na jurisprudência dos Tribunais Constitucionais (e a falta de doutrina sobre a doutrina), in: Teresa M.G. Da Cunha Lopes / Lucio Pegoraro (Koord.), A *contribuição* da *doutrina* na *jurisdição* constitucional Portuguesa e Brasileira (=Colección Transformaciones Jurídicas y Sociales en el siglo XXI, Serie 8/Bd. 3), Bologna/Lissabon 2014, S. 18-30

- *Pimenta, José da Costa,* A Declaração de Voto nas Decisões dos Tribunais, in: Revista do Ministério Público, Bd. 14, 1993, S. 27-59
- *Queiroz, Cristina,* Justiça constitucional, Lissabon 2017
- *Rebelo de Sousa, Marcelo,* Die politischen Parteien und das Recht der Op-position in Portugal, in: JöR N.F. 41 (1993), S. 309-317
- *Ribeiro, Jorge Martins,* O direito do homem à rejeição da paternidade de filho nascido contra a sua vontade: a igualdade na decisão de procriar, Coimbra 2013 (=Reihe des Centro de direito da família / Faculdade de Direito da Universidade de Coimbra, Bd. 28)
- *Richir, Isabelle,* Le Président de la République et le Conseil Constitutionnel, Paris 1998
- *Richter, Stefan,* Die Entwicklung der konkreten Normenkontrolle in Portugal seit der Verfassung von 1911 und ihre Unterschiede zu Art. 100 Abs. 1 GG, in: JöR N.F. 41 (1993), S. 319-366
- *Robert, Jacques,* La garde de la République. Le Conseil constitutionnel raconté par l'un de ses membres, Paris 2000
- *Rosas, Fernando,* Estado Novo e desenvolvimento económico (anos 30 e 40): uma industrialização sem reforma agrária, in: Análise social, Bd. 29, Nr. 128 (1994), S. 871-887
- *Schubarth, Martin,* Verfassungsgerichtsbarkeit, 2., überarbeitete und ergänzte Aufl. Bern 2017, S. 11
- *von Homeyer, Oskar / Kommer, Steffen,* Verfassungsgericht kippt Sparhaushalt. Anmerkung zum Urteil des Tribunal Constitucional de Portugal vom 5. April 2013, in: Kritische Justiz (KJ) 46 (2013), Heft 3, S. 325-335
- *Wall, Karin,* Apontamentos sobre a família na política social portuguesa, in: Análise social, Bd. 30, Nr. 131-132 (1995), S. 431-458

B. Onlinequellen und Altera

- *Rui Tavares Lanceiro,* Op-Ed: "The Portuguese Constitutional Court judgment 422/2020 – a 'Solange' moment?", Beitrag auf eulawlive.com vom 24. Juli 2020, eingesehen unter https://eulawlive.com/op-ed-the-portuguese-constitutional-court-judgment-422-2020-a-solange-moment-by-rui-tavares-lanceiro/
- Verschiedene Unterseiten des Internetauftrittes des Tribunal Constitucional (https://www.tribunalconstitucional.pt/)
- Verschiedene Regierungsblätter Portugals und Amtsblätter der EU, mit den jeweiligen Angaben
- Verschiedene Rechtsakte Portugals und der EU, mit den jeweiligen Angaben
- Judikate des EuGH und des EGMR, mit den jeweiligen Angaben